新世纪农村普法读本

依法治国之送法下乡

农村私人借贷
法律实务指南

—— （案例应用版） ——

段建辉◎著

中国政法大学出版社

2015·北京

序　言

　　我国自改革开放以来，随着经济的不断发展，人们生活的日趋富足，农村闲散资金越来越多，农村私人借贷活动越来越活跃，并由过去的生活型借贷向经营型借贷转变。农村私人借贷的这种发展趋势，从正面看，确实弥补了正规金融渠道供给的不足，优化了资金资源的配置，解决了人们部分生活缺资的问题，促进了农村社会经济的持续发展；但是从反面看，因农村私人借贷处于无序状态而发生了大量债权债务纠纷，同时，一些不法分子利用农村借贷从事非法吸收公众存款、集资诈骗等违法犯罪活动，严重影响了农村资金的正常流转，严重破坏了农村金融秩序，进而造成一些社会稳定问题。

　　本书正是针对当前农村私人借贷中存在的大量债权债务纠纷，以《民法通则》、《合同法》以及有关司法解释中的农村私人借贷法律规范为主线，围绕农村私人借贷的内容、效力、履行、利息、担保以及农村夫妻共同债务的认定，选取了80个典型案例，通过案例的形式，以通俗易懂的方式告诉农村朋友相关的法律知识，以达到使其提高自我法律维权意识，最终维护自己合法权益的目的。

　　本着为农村朋友解决问题的宗旨，同时为了让农村朋友看得轻松、读得愉快，全书语言力求简洁平实，案例典型、真实、有代表性，以达到生动有趣、通俗易懂、简洁实用的编写目的。本书既有对有关理论深入浅出的介绍，又有对相关法律法规的引用和分析。通过对本书的阅读，广大农村朋友不仅可以了解在农村私人借贷过程中可能遇到的各种常见问题，提高自身借贷过程中预防风险的能力，而且在维权方面，不仅知其然，而且知其所以然，切实提高自身法律维权的能力。

段建辉

2015 年 1 月于北京

目 录

1　撕毁的借条能否作为定案依据?

典型事例

2008 年 9 月 13 日，某市公安局派出所接到隽某的报案，并派人到现场处理。隽某于当日上午 9 时许，到某公司向张某索要 5 万元欠款。据隽某称其手持欠条被公司会计撕毁，民警到现场后，发现隽某手中以及一楼阳台雨篷上有部分碎片，但内容不详。民警建议走司法渠道解决，隽某遂诉至法院。

原告隽某诉称，被告张某向其借款 5 万元，约定 2008 年中秋节后还款，其依约前往被告处催要该笔借款，在被告作出同意立即还款的表示后，原告将借条交给了被告，并做好接受被告付款的准备，不料被告收取借条后当即将借条撕碎，原告随即拨打 110 报警。原告请求判令被告立即偿还借款本金 5 万元并按银行同期贷款利率承担逾期还款利息，同时承担本案的诉讼费用。

被告张某辩称，撕碎的借条在法律上没有证明力，不能证明被告欠原告借款 5 万元就是事实。而且撕借条时，被告并不在场，事后听会计说，原告持欠条来要钱，会计翻账本发现原告还欠被告 7.5 万元的木方和模板钱没有还，就要原告写一张 7.5 万元的条子，原告不肯，会计就把欠条撕掉，当时原告并没有什么反应，半个小时后才报警。

在审理过程中，原告隽某举证借条原件一份及复印件一份。该借条原件已被撕成碎片，在庭审时进行了粘贴，有部分内容缺失，剩余内容为："借条，借到隽某亻〇民币伍万元整，中秋卩〇还，张某，2008.9.3"。而借条复印件的内容完整，载明："借条，借到隽某人民币伍万元整，中秋节过后还，张某，2008.9.3"。被告对其不予认可，并称借条上张某的签名是真实的，但是其他内容是拼凑的；就算原、被告存在 5 万元的借款关系，借条被撕毁，也说明债务已经清偿。

法津分析

在民事诉讼中，一方当事人提出主张，就有责任和义务提供证明其权利主张的证据。本案中，原告主张借贷事实存在的主要依据就是借条的复印件及部分原件的碎片，要想认定原、被告之间是否存在借贷关系，必须解决原告举证的"借条"的证据效力问题。

从借条的形式来看，原告举证的借条虽是被撕毁的碎片，但是经过粘贴，借条仍保持了证明原、被告间借款事实的完整性，此外，原告同时还提供了一份借条复印件，复印件的内容与原件一致，而且被告自己对借条上的签名的真实性也予以认可，进一步说明了借条的客观真实性，因此，就借条本身而言，虽有瑕疵，但仍具备了证据的完整性，能够反映出双方借款时的真实情况。

从借条撕毁的原因来看，原、被告均认可是被告的会计将借条撕毁，但是对撕毁的理由各执一词。原告称是被告同意还款后，原告遂将借条交给被告，但被告会计未付款就将借条撕毁。被告的理由则是，会计在原告来索款时，发现原告还欠被告7.5万元的木方和模板钱，要求原告出具 7.5 万元的条据，原告不肯，会计遂把欠条撕掉。笔者认为，借条撕毁时只有原告及被告会计在场，撕毁借条究竟是何原因和过程已经无法查明，根据"高度盖然性"标准，在待证事实处于真伪不明的情形时，应对盖然性较高的事实予以确认。被告称其会计撕毁借条是因为原告尚欠被告木方和模板钱。根据日常生活经验，倘若原、被告之间还存在另外一笔欠款关系，而原告又不同意出具欠条，被告完全可以另行主张，而不是擅自把借条撕毁。在借条被撕毁后原告马上拨打"110"，说明原告并不同意被告撕毁借条抵销债务，更何况被告并未能提供其他证据证明原告欠其木方和模板钱，所以被告提出的理由并不充分。因此，被告所陈述的撕毁借条的原因，较之原告的陈述，发生的可能性较低，其陈述的不可信程度高于原告的解释，相反，原告的解释则较为合理。

从举证责任分配来看，按照我国《民事诉讼法》和最高法院颁布实施的《关于民事诉讼证据的若干规定》的有关规定中所体现的"谁主张，谁举证"的举证承担原则，一方当事人提出主张，就有责任和义务提供证明其权利主张的证据。原告主张借款事实成立，并提交了借条作为证据，同时对借条被撕毁的具体原因做出了符合情理的解释，此时，原告的举证责任已经结束。被告若想反驳原告的主张，就必须提供其不欠原告借款或者已经还款的证据。但是，被告只是提出其与原告间不存在借款关系的抗辩，既未提供相应证据印证其主张，也一直未能提供其还款的证据，其抗辩的理由又缺乏合理性，不足以对抗原告所提出的事实和主张，故应当承担举证不能乃至败诉的后果，应认定原告提供证据的效力。

综上所述，原告举证的借条虽被撕毁，但原告及时保留了碎片，经过粘贴后，虽有部分内容缺失，但与复印件的内容能够相互印证，保持了证明双方间借款事实的完整性，而且被告对借条上其签名的真实性也予以认可，因此该借条能够作为定案依据。此时，原告主张借贷事实存在的举证责任已经完成，而被告则负有提供证据推翻原告举证的责任。但是被告只是抗辩其与原告间不存在借款关系，一直未能提供任何证据来证明其提出的抗辩理由，也没有提供能够证明原告主张的 5 万元债务已经得到清偿的证据。被告仅凭口头陈述显然不足以对抗原告所提出的事实和主张，故应当承担举证不能的后果。所以，对原告举证的借条应予以采信，并据此认定原、被告之间借贷关系存在。

原、被告之间的民间借贷关系有借条为证，合法有效，应受法律保护。被告未能按照约定的期限履行还款义务，属违约行为，应当承担违约责任，向原告偿还借款本金，并支付逾期利息。原告的诉讼请求，事实清楚，证据充分，应予以支持。

法律依据

《合同法》第 206 条："借款人应当按照约定的期限返还借款。对借款期限没有约定或者约定不明确，依照本法第六十一条的规定仍不能确定的，借款人可以随时返还；贷款人可以催告借款人在合理期限内返还。"

《合同法》第 207 条："借款人未按照约定的期限返还借款的，应当按照约定或者国家有关规定支付逾期利息。"

《民事诉讼法》第 64 条："当事人对自己提出的主张，有责任提供证据。

当事人及其诉讼代理人因客观原因不能自行收集的证据，或者人民法院认为审理案件需要的证据，人民法院应当调查收集。

人民法院应当按照法定程序，全面地、客观地审查核实证据。"

2 | 笔迹样本的举证责任应由谁承担?

典型事例▍

原告诉请法院要求被告陈某偿还借款 1 万元，其所提供的证据为陈某 1996 年的借条，借据中有陈某的签字。陈某到庭辩称，其未向原告借款，借据中的签名非其所签。原告遂申请法院进行笔迹鉴定。在法院的要求下，陈某当庭书写了 20 余份签名，法院将其送鉴定部门进行鉴定，但鉴定部门以样本不足无法鉴定为由予以退回，并要求提供 1996 年前后陈某的签名样本。而陈某声称找不到 1996 年的笔迹样本。那么，谁该对笔记样本承担举证责任呢?

法律分析▍

最高人民法院《关于民事诉讼证据的若干规定》第 5 条第 1 款规定，在合同纠纷案件中，主张合同关系成立并生效的一方当事人对合同订立和生效的事实承担举证责任。本案中，原告主张与被告陈某的借款合同关系成立，而陈某予以否认，应当由原告承担举证责任，原告应当承担证明该签名为陈某所签的举证责任。如果责令陈某承担举证责任，显然强人所难，因为一个人难以为没有发生过的事实进行举证。

原告可以通过申请笔迹鉴定、提供证人证言等证据来证明为陈某本人所签。原告在不能提供其他证据的情况下，申请法院进行笔迹鉴定，此时，被告作为签名的本人，应当负有提供签名样本的义务。如果被告不履行配合鉴定的义务，则原告就无法完成举证责任，在这种情况下，被告一方的行为就构成了对原告一方举证权利的妨害，法院可以"有证据证明一方当事人持有证据无正当理由拒不提供，如果对方当事人主张该证据的内容不利于证据持有人，可以推定该主张成立"为由，判令被告承担举证不能的不利后果。但本案被告根据法院的要求，当庭提供了一定数量的签名，已尽到一定的配合义务。由于时间间隔已久，以陈某现在的签字，根据笔迹鉴定的要求，尚不能完全肯定1996年的签字为陈某所签，导致鉴定无法进行。在这种情况下，陈某表示不能找到1996年的笔迹，如果再要求陈某提供1996年左右的笔迹，显然过于苛刻。因此，本案的原告尚未完成自己的举证义务，应当继续举证。如不能举证，则应当承担败诉的责任。

法律依据

最高人民法院《关于民事诉讼证据的若干规定》第5条第1款："在合同纠纷案件中，主张合同关系成立并生效的一方当事人对合同订立和生效的事实承担举证责任；主张合同关系变更、解除、终止、撤销的一方当事人对引起合同关系变动的事实承担举证责任。"

最高人民法院《关于民事诉讼证据的若干规定》第75条："有证据证明一方当事人持有证据无正当理由拒不提供，如果对方当事人主张该证据的内容不利于证据持有人，可以推定该主张成立。"

3 如何运用经验法则推定债权债务关系的存在？

典型事例

原告张某在租赁经营江苏省滨海县滨海港镇某冷冻厂期间，被告曹某经常来该厂购冰块。2005年11月12日，被告出具一张欠条给张某，内容为："欠冰钱 1．800 元整"。诉讼中，原告张某认为，欠条上的"1．800 元"系"1，800 元"的误写，实际上是指被告曹某欠其冰款 1800 元。被告曹某则认为，欠条上的"1．800 元"意思是 1.8 元，而非 1800 元。

江苏省滨海县人民法院审理后认为，按一般常理，被告作为原告经常购货的老客户，为欠 1.8 元立欠条显然不符合情理；倘若曹某的确欠款 1.8 元，按正常的书写习惯亦只会写成 1.80 元，而不会写成 1．800 元，且曹某亦无其他有效的证据证实其主张成立。故被告主张欠条上所写的 1．800 元就是 1.8 元之说不能成立，不予采信。根据相关法律规定，判决被告曹某于判决生效后 5 日内归还原告张某人民币 1800 元。

法律分析

欠条、收条等字据是人们普遍使用的确定债权债务关系的书面证明，但由于立据人的文化水平、细致程度等原因，时有因字据书写不规范而产生的纠纷。怎样才能正确认定案件事实，合理判定当事人之间的真实债权债务关系，从而实现形式正义与实质正义的有机统一，笔者就此谈一点看法。

1. 关于经验法则的推定规则。最高人民法院《关于民事诉讼证据的若干规定》第 9 条规定，根据日常生活经验法则，能推定出的另一事实，当事人无须举证证明，对方当事人有相反证据足以推翻的除外。这里所确定的基本推定规则，是法官可以直接依据日常生活经验推定出一个法律事实，而这个法律事实不需要再用其他证据来证明，除非对方当事人有足够的证据提出反证。在民事诉讼中，运用经验法则有利于正确认定事实和作出公正裁判。

2. 关于推定的经验依据。所谓经验法则，是指能从日常生活中认识、领略和归纳出来的作为判断事物之间必然联系的一般知识、经验、常识和法则。根据属性不同，经验法则可分为一般经验法则与特别经验法则，前者是人们从日常社会生活或法律生活中所体验感知的惯常事实，经过长期的反复验证，其本身无证明的必要；而后者仅是就特别的事项、运用特别的方法所作出的一种经验判断，必须适用严格的证明程序。从证据规则角度分析，经验法则常指一般经验法则。最高人民法院《关于民事诉讼证据的若干规定》第9条第3项、第64条所指的日常生活经验法则都是指一般经验法则。本案中，法官推定"1.800元"是1800元而不是1.8元运用的两个日常生活经验，即生产经营一般不发生小额书面欠据和会计记账书写习惯，都是众所周知并经过反复验证的正确事实，社会公众对此已基本达成共识，很少有异议，而且根据这个经验足以推出被告欠款1800元这个事实。所以，这两个日常生活经验符合适当的标准，可以作为本案推定的依据。

3. 关于举证责任问题。根据日常生活经验法则，经过推定而确认的事实不需要运用证据来证明，但允许反证，对方当事人可以就前提事实和推定事实的真实性提出反证，并视其反证成立与否来判断事实推定的真实性和合理性。司法实践中运用推定可在当事人之间合理的分配举证责任，推定事实为主张事实的一方当事人就能够免除证明责任，相反否定推定事实的当事人需承担举证责任。本案中，法官根据经验法则推定"1.800元"是1800元而不是1.8元，这个推定结论与原告所主张的事实相同，所以原告不承担举证责任。而被告否认该推定事实，这是对依经验法则推定事实的反证过程，应承担举证责任。因被告未能履行必要的举证责任，故应承担败诉的法律后果。

法律依据

最高人民法院《关于民事诉讼证据的若干规定》第9条："下

列事实，当事人无须举证证明：

（一）众所周知的事实；

（二）自然规律及定理；

（三）根据法律规定或者已知事实和日常生活经验法则，能推定出的另一事实；

（四）已为人民法院发生法律效力的裁判所确认的事实；

（五）已为仲裁机构的生效裁决所确认的事实；

（六）已为有效公证文书所证明的事实。"

前款（一）、（二）、（三）、（四）、（五）、（六）项，当事人有相反证据足以推翻的除外。

4 借款是否归还，谁来承担举证责任？

典型事例

2005 年 3 月，张某向刘某借款 5 万用以投资办厂，约定一年后归还，每月支付利息。2006 年 7 月，刘某到法庭起诉张某，要求其归还借款本金及利息共计 5.5 万元。

刘某诉称双方口头约定，未有书面借据，刘某提供证人证言，证实听张某说过借款办厂一事，对于是否归还，证人表示不甚清楚。

张某对借款 5 万元办厂一事并不否认，但在第一次开庭时，辩称本息已经全部归还。在第二次开庭时，张某又变更说当时出具借条给刘某，全部归还借款后，借条已经撕毁。张某未提供证据。

法律分析

1. 举证责任仍然在原告刘某。本案的争议焦点是"借款 5 万元"是否还存在？涉及举证责任的分配问题。《民事诉讼法》第

64 条规定了"谁主张，谁举证"的原则，该法条的这一规定属一般性举证原则，在司法实践中应广泛适用的认定证据原则，不得任意改变扩大和缩小适用范围。对本案的争议事实"谁应该来举证"的问题，最高人民法院《关于民事诉讼证据的若干规定》第 7 条规定："在法律没有具体规定，依本规定及其他司法解释无法确定举证责任承担时，人民法院可以根据公平原则和诚实信用原则，综合当事人举证能力等因素确定举证责任的承担。"结合本案，被告在第二次开庭时陈述曾向原告借款 5 万元，但如果借款时没有书面凭据，还款时也难以要求债权人出具款项已偿还的凭据。因此，单凭被告对当初借款行为的认可即要求被告承担证明责任以证明借款确已付清，这种证明责任的分配并不妥当。因为在口头借贷关系中，还款时通常不会留下还债的凭据，强行要求债务人承担证明责任，债务人客观上通常举证不能，如此分配举证责任难谓适当。另说明一点，这种纠纷的发生，多因口头借贷而产生，债权人选择口头借贷而将自己置于不测之风险，由债权人对自己的不谨慎行为承担风险也非不当。

2. 被告张某的行为不属自认。自认，是指当事人对不利于自己的事实的承认。广义上的自认还包括对他方所提诉讼请求的承认，但一般均是指对事实的承认。最高人民法院《关于民事诉讼证据的若干规定》第 8 条规定了自认的原则，即在诉讼过程中，一方当事人对另一方当事人陈述的案件事实明确表示承认的，另一方当事人无须举证。对一方当事人陈述的事实，另一方当事人既未表示承认也未否认，经审判人员充分说明并询问后，其仍不明确表示肯定或者否定的，视为对该项事实的承认。本案被告承认曾经向原告借款 5 万元，但称已还，说明被告的真实意思并非是要承认原告的借款还存在的事实主张，而是为辩白该借款已经偿还，债务已经不存在的一种抗辩理由。被告的法庭陈述应属抗辩原告的主张，否认原告主张的借款仍存在这一主要事实，而不是对原告诉讼请求的认可，不构成对债务自认。因此，本案5万元是否存在仍应由原告举证证明。

综上所述，虽然张某承认曾经借款5万，但是通盘否认至今仍然欠款，因此张某实际未承认债务，原告并未完成举证责任，不足以证明债权现实的存在性。原告应承担举证不力的法律后果，法院应判决驳回原告的诉讼请求。

法律依据

《民事诉讼法》第64条："当事人对自己提出的主张，有责任提供证据。

当事人及其诉讼代理人因客观原因不能自行收集的证据，或者人民法院认为审理案件需要的证据，人民法院应当调查收集。

人民法院应当按照法定程序，全面地、客观地审查核实证据。"

最高人民法院《关于民事诉讼证据的若干规定》第7条："在法律没有具体规定，依本规定及其他司法解释无法确定举证责任承担时，人民法院可以根据公平原则和诚实信用原则，综合当事人举证能力等因素确定举证责任的承担。"

5 债务转移与并存的债务承担的区别？

典型事例

原告张某与李某是朋友关系。2000年1月，李某因生意资金周转困难向张某借款人民币2万元，并出具借条一张。后李某因债务缠身，于2001年年底出走下落不明。李某出走后，张某经常到李某家催讨借款。2003年2月6日李某的母亲王某向张某出具还款计划书一份，称"借款 2 万元（不含利息）在两年内还清"，并在还款计划书下方的还款人处签下自己的名字。还款计划到期后，王某未归还借款。2005 年 3 月，张某诉至法院，请求王某归还借款 2 万元。

法 律分析

此案关键的问题是王某出具还款计划后，张某、李某、王某三者之间形成何种法律关系？王某应承担何种民事责任？

王某出具还款计划后，在张某、李某、王某三者之间形成了并存的债务承担法律关系，旧债务人李某不脱离原借款关系，新债务人王某加入到张某与李某之间的借款关系中，王某与原债务人李某一并承担偿还债权人张某借款的义务。张某有权请求李某、王某任何一人还款，也有权请求二人共同还款。

下面就上述观点做出以下具体分析：

1. 债务转移与并存的债务承担的区别。债务转移是指由第三人取代原债务人的地位，成为合同中新的债务人而向债权人履行债务，原债务人则脱离债的关系。并存的债务承担，亦称债务的加入或共同的债务承担，是指第三人加入到债的关系中，与原债务人一起承担向债权人履行债务的义务。虽然二者属于广义的债的转移，但是存在着明显的区别。首先，在债务转移的情况下，债务人和债权人将与第三人达成转让债务的协议，且该协议必须取得债权人的同意，否则债务转移不生效。而并存的债务承担是第三人单方表示代替债务人清偿债务，并没有和债权人或债务人达成转让债务的协议。其次，在债务转移的情况下，债务人已经与债权人形成的债权债务关系将发生消灭，债务人将退出该债务关系，第三人成为债的关系的当事人。而并存的债务承担第三人仅是履行主体而不是债的主体，债务人并不退出债的关系。在本案的讨论中，也有人认为张某与李某及王某之间形成了债务转移的意思表示，李某的债务已经转移至母亲王某处，李某的债务已被免除，张某只能向新债务人王某主张还款义务。这种观点虽然支持了张某的诉讼请求，但是混淆了债务转移与并存的债务承担法律关系，李某并没有将债务转移至母亲王某处的意思表示，李某也并未退出原借款关系中，王某是自愿代替儿子履行债务的，因此认为三者之间形成债务转移的认识是不正确的。

2. 并存的债务承担的法律特征。并存的债务承担发生条件是第三人自愿代替债务人履行债务，且债权人同意接受第三人债务的履行，债权人的同意可以是明示的也可以是默示的。并存的债务承担的法律特征是债务人并不脱离原合同关系，第三人是加入到原合同关系之中。并存的债务承担的法律后果是债务人和第三人形成连带债务关系，共同向债权人承担义务。在司法实务中，经常会遇到承诺或计划书表述不明确的情形，这要具体问题具体分析，分析其具备何种法律特征。如果出具的是还款保证书，则是保证担保关系；如果出具的是三方协议书，或者债务人与第三人双方的协议书，协议书中有债务转让的意思表示，债权人也表示同意，则会构成债务转移的法律关系；如果仅是第三人单方的代替债务人履行债务的意思表示，没有债务转让的表述，也没有担保的意思表示，则会构成并存的债务承担。本案中王某出具还款计划时并未明确儿子李某退出债务关系，张某也没有明示要免除李某的债务，双方之间无转移债务的意思表示，且张某接受王某还款计划的行为，表明其同意王某加入到原债务关系之中，因此王某出具还款计划后，在张某、李某、王某之间形成了并存的债务承担法律关系，王某应当按照自己的承诺归还张某的借款。

根据合同自由原则，以保护债权人利益为出发点，第三人代替债务人履行债务，只要不违反法律规定，不给债权人造成损失或增加负担，这种履行在法律上应当是有效的，它符合债权人的意志和利益，法律应当承认其效力。而目前我国的法律并未对此予以规定。与并存的债务承担最相近的理论是债务转移，但债务转移与并存的债务承担在理论上又存在着明显的区别，所以二者是不可互相替代的。因此建议在法律上规定债务转移的同时，还应对并存的债务承担作出明确规定，以弥补法律的漏洞。

法律依据

《合同法》第84条："债务人将合同的义务全部或者部分转移给第三人的，应当经债权人同意。"

6 债权人能行使撤销权吗？

典型事例

2002年9月17日，李某与田某发生争执并相互扭打，田某致使李某轻伤。法院于2003年3月14日以故意伤害罪判处田某有期徒刑一年，并判附带赔偿医疗费等9 088元，田某已履行了该判决确定的民事赔偿义务。2003年9月10日，李某提起民事诉讼，要求田某赔偿残疾者生活补助费、残疾赔偿金共计70 000余元，法院于2004年1月23日判决田某赔偿李某各项费用合计32 000元。因田某未能自觉履行，李某于2004年3月6日向法院申请执行，该院在执行过程中依据李某提供的田某的财产状况和申请查封了田某平房3间，并对田某对第三人享有的债权45 000元（未到期）裁定债务人停止清偿。

2003年8月2日，田某与案外人王某订立房屋买卖合同一份，约定田某将其所有的位于镇上的一间40平方米门面房出售给王某，成交价格为 36 000 元。王某于 2003 年 9 月 2 日领取该门面房的产权证。李某曾于 1999 年购买了与田某门面房相邻的一间门面房,每平方价格为 2 300 元。李某认为,田某将主要财产的门面房以 36 000 元的明显低价转让登记到王某名下,致使该案的执行难以进行,侵害了其合法权益,请求法院判令撤销田某与王某之间的房屋买卖合同。

法院认为,田某向王某出售房屋时,已履行了刑事附带民事判决的赔偿义务,而李某与田某之间新的债务尚未明确。况且债务人以明显不合理低价转让财产,侵害债权,且受让人明知,债权人才享有撤销权。现没有证据证明受让人王某知道本起房屋买卖会损害李某的债权。事实上田某售房款 36 000 元,还有 45 000 元债权及平房三间,相比之下,其应赔偿给李某的只有 32 000 元,其财产完全可以清偿所负的债务,故本起房屋买卖并未损害李某的债权。法院判决驳回李某的诉讼请求。

法津分析

我国《合同法》第 74 条第 1 款规定:"因债务人放弃其到期债权或者无偿转让财产,对债权人造成损害的,债权人可以请求人民法院撤销债务人的行为。债务人以明显不合理的低价转让财产,对债权人造成损害,并且受让人知道该情形的,债权人也可以请求人民法院撤销债务人的行为。"本条规定了债权人的撤销权,是指债权人对于债务人危害债权实现的行为,有请求人民法院撤销该行为的权利。其成立要件分析如下:

1. 债务人实施了一定的危害债权人的行为。危害债权是指债务人的行为导致财产的减少将会使债权得不到清偿。如债务人的行为虽然会减少其财产,但其尚存的财产仍足以清偿其债务,就不存在对债权的危害。

2. 债务人实施危害债权的行为必须发生在债权成立之后。因为如果在债权成立之前，债务人的行为并无发生危害债权的可能性。

3. 债务人在实施危害债权的行为时主观上具有恶意。这种恶意是指债务人明知自己的行为会危害债权仍故意为之。

4. 当债务人以明显不合理的低价转让财产，对债权人造成损害时，要求受让人有恶意，即受让人知道转让财产的价格明显不合理且债务人转让的目的是为了损害债权人利益。

本案中，李某对于田某的债权于 2004 年 1 月 23 日法院作出田某赔偿的判决时才成立，而田某与王某于 2003 年 8 月 2 日已订立房屋买卖合同，且在 9 月 2 日房屋产权已转至王某名下。可见，田某处分房屋的行为发生在李某的债权成立之前。即便我们加重对债务人田某主观恶意的审查，其处分行为也是发生在李某起诉前，还尚无危害债权的可能性。况且在本案中也不能认为田某的行为危害了李某的债权，因为其尚存的财产仍足以清偿 32 000 元债务。同时，李某也没有证据证明受让人王某知道本起房屋买卖会损害李某的债权。所以，李某并不具备行使撤销权的要件，法院判决驳回李某的诉讼请求是正确的。

法律依据

《合同法》第 74 条第 1 款："因债务人放弃其到期债权或者无偿转让财产，对债权人造成损害的，债权人可以请求人民法院撤销债务人的行为。债务人以明显不合理的低价转让财产，对债权人造成损害，并且受让人知道该情形的，债权人也可以请求人民法院撤销债务人的行为。"

7　借款合同未约定利息能主张利息吗?

典型事例

2006 年 12 月 11 日, 被告詹某向原告沈某借款 6 万元, 双方签订了借款合同, 合同约定借款期为半年, 从 2006 年 12 月 11 日到 2007 年 5 月 11 日, 但合同中并未约定利息。2007 年 5 月 12 日, 詹某还给沈某 6 万元钱, 沈某向詹某索要利息。詹某认为, 合同中没有约定利息, 应当视为不支付利息, 本人只有偿还本金的义务。沈某认为, 没有约定利息是因为自己在签合同时的疏忽, 詹某应按签订合同时中国人民银行同期贷款的利率计算并支付利息。为此, 原告诉至山西省太原市迎泽区人民法院, 请求判令被告支付利息。

法院认为, 原、被告双方在平等自愿的基础上签订借款合同, 该合同的条款合法、明确, 合同有效成立, 双方在签订合同时未约定利息, 事后经双方协商达不成一致意见, 依据《中华人民共和国合同法》第 211 条的规定, 视为不支付利息, 故对原告的诉讼请求不予支持。

法律分析

本案中, 公民之间签订的借款合同没有约定利息应如何处理是争议的焦点。

1. 有息借款和无息借款。利息就对外发放贷款的商业银行和其他经营金融业务机构来说, 除法律特别规定外, 都必须收取。因而, 银行借款属于有息借款。民间借款与银行借款不同, 不一定都必须有息。

民间借款是否支付利息, 完全由双方当事人自由约定。在协商借款过程中，民间借款是否支付利息，取决于贷款人的意思表示。借款合同可以明确约定需要支付利息或者不需要支付利息，只要是双方当事人的真实意思表示，就是合法有效的，对双方当事人就具有法律上的约束力。但是，自然人之间的借款合同对支付利息没有约定或者约定不明确的，视为不支付利息。实践中经常遇到贷款人出于善意而不要利息，而借款人坚持要支付利息的情况，在这种情况下，只要贷款人实际上接受利息就为有息借款。

民间借款合同成立生效后，利息可能会发生变更。无息借款合同在借款使用期间，贷款人提出支付利息要求，如果借款人接受的，该无息借款变更为有息借款。借款人不接受的，仍为无息借款，贷款人不能单方要求将无息借款变更为有息借款。如果贷款人表示放弃全部利息，有息合同也可以变成无息合同。

另外，无息借款的借款人逾期还款支付逾期利息，但在借款期间内的借款仍然是无息借款。有息借款，是指双方当事人约定由借款人支付利息的借款。当民间借款为无息借款时，在借款期限内，或者借款期限没有约定或者约定不明确的，在贷款人催告的期限届满前，借款人不支付利息。但是，超过了逾期期限或者催告的期限届满后，贷款人要求支付逾期利息的，借款人应当按照银行同期同类借款利率计付利息。这种情况下支付的是逾期利息，不是约定利息，而有息借款的利息是指约定利息。

2.《合同法》第211条的适用。《合同法》第211条第1款规定："自然人之间的借款合同对支付利息没有约定或者约定不明确的，视为不支付利息。"这里的视为不支付利息即视为无息借款。该规定适用于以下两种情况：

（1）民间借款合同对支付利息没有约定或约定不明确，且未约定还款期限的，在贷款人催告还款前，或者虽已催告但未要求借款人支付逾期利息的，借款人可以不支付利息。如果经催告，且贷款人要求支付逾期利息的，应按最高人民法院《关于贯彻执行〈中华人民共和国民法通则〉若干问题的意见（试行）》第123条的规定支付逾期利息。

（2）民间借款合同对支付利息没有约定或约定不明确，但约定还款期限的，在约定还款期限内，借款人不负支付利息的义务。但是，借款人不按还款期限还款，且贷款人要求借款人偿付逾期利息的，借款人仍应当按照最高人民法院《关于贯彻执行〈中华人民共和国民法通则〉若干问题的意见（试行）》第123条的规定支付逾期利息。

本案中，沈某和詹某在借款合同中未约定利息，依据法律规定应视为不支付利息，故沈某无权要求詹某支付利息。同时，本案提醒当事人，在签订借款合同时，应注意明确利息条款，以免自己利益受损。

法律依据

《合同法》第211条："自然人之间的借款合同对支付利息没有约定或者约定不明确的，视为不支付利息。"

最高人民法院《关于贯彻执行〈中华人民共和国民法通则〉若干问题的意见（试行）》第123条："公民之间的无息借款，有约定偿还期限而借款人不按期偿还，或者未约定偿还期限但经出借人催告后，借款人仍不偿还的，出借人要求借款人偿付逾期利息，应当予以准许。"

8 债权债务能否转移?

典型事例

2008 年 3 月 24 日，单某因做生意资金周转不开向于某借款 20 000 元，约定借款期限为 6 个月，并向于某出具了借条。2008 年 5 月 15 日，于某从程某处进了一批货物，货款为 50 000 元。于某因暂时没有钱付给程某，程某便对于某说："既然单某欠你 20 000 元，此款干脆先从此货款中抵扣，等单某的借款到期后我再向他要，至于另外 30 000 元你再另外想办法。"于某同意。随即，于某打电话给单某告知此事，单某表示不同意此债权债务的转移，此谈话有电话录音予以佐证。

法律分析

在本案中，单某、于某与程某之间实际上发生的是关于单某欠于某 20 000 元款的一种债权债务的转移过程，且就此种转移是否发生法律效力存在争议。

对于于某对单某享有的债权 20 000 元向程某转移，只要于某和程某之间达成协议并通知了单某，程某即取得原债权人于某的地位，对债务人单某享有债权，此转移并不需要经过单某的同意即可发生法律效力。

第三人向债权人履行债务人的债务，主要有以下几种情况：一是债权债务向第三人转移。债的转移，是指在不改变债的内容的前提下，债权或债务由第三人予以承受。所谓债权让与，是指不改变债的内容，债权人将其享有的债权转移给第三人享有。所谓债务转移，是指依据债权人、债务人与第三人之间达成的协议，将合同债务转移给第三人承担。二是第三人代为履行。《合同法》

第 65 条规定："当事人约定由第三人向债权人履行债务的，第三人不履行债务或者履行债务不符合约定，债务人应当向债权人承担违约责任。"由该条规定可以得知，第三人代为履行，是指第三人依照合同当事人的约定由其向债权人履行债务。三是保证人承担保证责任后对债务人取得担保追偿权。《担保法》第 31 条规定："保证人承担保证责任后，有权向债务人追偿。"

《合同法》第 79 条规定："债权人可以将合同的权利全部或者部分转让给第三人，但有下列情形之一的除外：（一）根据合同性质不得转让；（二）按照当事人约定不得转让；（三）依照法律规定不得转让。"第 80 条第 1 款规定："债权人转让权利的，应当通知债务人。未经通知，该转让对债务人不发生效力。"第 84 条规定："债务人将合同的义务全部或者部分转移给第三人的，应当经债权人同意。"

根据法律的规定，债权人既可以将债权全部转移，也可以将债权部分转移。同理，债务人既可以将债务全部转移，也可以将债务部分转移。但是债权人转移债权与债务人转移债务的条件是不一样的。在债权转移的情况下，只需债权人通知债务人即可。而在债务转移的情况下，则需债务人、债权人和第三人达成转让协议；债务转移时必须经债权人同意，否则不发生法律效力。

具体到本案中，单某向于某借款 20 000 元，于某和程某之间达成协议决定从于某欠程某的货款 50 000 元中将此款予以抵扣。此系于某对单某的 20 000 元债权向程某进行转移，并未违反有关法律规定或者当事人约定，且于某已经电话通知了单某，虽然单某表示不同意此债权的转移，但此异议并不能成立。于某的转移通知到达单某时，转移即发生法律效力。此转移生效后，该债权即由原债权人（让与人）于某移转于受让人程某，让与人于某脱离原来的债权债务关系，受让人程某取代让与人于某而成为债权债务关系的新债权人。即此时，程某对于某享有债权 30 000 元，对单某享有债权 20 000 元。

法律依据

《合同法》第 79 条："债权人可以将合同的权利全部或者部分转让给第三人，但有下列情形之一的除外：

（一）根据合同性质不得转让；

（二）按照当事人约定不得转让；

（三）依照法律规定不得转让。"

《合同法》第 80 条第 1 款："债权人转让权利的，应当通知债务人。未经通知，该转让对债务人不发生效力。"

《合同法》第 84 条："债务人将合同的义务全部或者部分转移给第三人的，应当经债权人同意。"

9　如何确定谁是债务人？

典型事例

王某和李某是同乡，均做建材生意。李某介绍王某卖给某建筑公司石子数车，建筑公司出具了收条，后来王某持收条向建筑公司催要货款，建筑公司拿出与李某签订的供应石子协议一份，协议约定建筑公司所需石子全部由李某负责供应。建筑公司称石子款已经全部付给李某了，不同意向王某付款。王某起诉建筑公司要求偿付货款及滞纳金。

法津分析

王某、李某之间没有买卖关系，王某通过李某介绍，把货售给了建筑公司，建筑公司出具有收条，足以证明双方买卖合同关系成立，王某履行完毕卖方义务，建筑公司应当支付给王某货款。李某和建筑公司之间的合同，否定不了王某、建筑公司之间发生买卖关系的事实。

下面就上述结论进行具体分析：

1. 民事合同的效力具有相对性，选择何种内容订立合同，取决于缔约双方自由协商，一旦生效，对于缔约双方即具有法律约束力。合同作为缔约者协商一致的产物，对于非缔约人的合同之外的第三人没有法律约束力，即使合同内容禁止其缔约人与第三人发生某种联系，且此约定也不违法，但对于第三人而言，并不构成义务，也不意味着缔约人与第三人发生的这种联系违反了缔约人先前缔结的合同而无效。上述案例中，李某自己不能履行全部供货义务，介绍王某向建筑公司出售石子，建筑公司接受了石子，虽然该行为与李某、建筑公司之间签订的合同内容相悖，但王某与建筑公司所发生的买卖关系并不因此无效。建筑公司辩解王某所送石子属李某所有，是以合同裁剪事实，该理由是没有任何依据的。因此，王某对建筑公司是享有债权的。

2. 从证据的效力考察，收据或欠条能够充分证明合同的一方当事人向对方当事人交付合同标的物、履行合同义务的事实，从而在诉讼中，可以为其持有人（合同履约方）向合同的对方当事人追究违约责任进行有力的证明。合同的形式可分为口头的、书面的或者其他的形式，对于口头买卖合同而言，卖方往往以实际交付标的物的行为来履行双方的合同，买方收取标的物后，若非当即付清，往往会向卖方出具收条或欠条，以承认自己对卖方所负的债务。在这里，收条或欠条就是双方结算的债权凭证，所以王某持建筑公司出具的收条要求其清偿债务，证据充分，理由正当，建筑公司应当偿还并承担违约责任。李某、建筑公司签订的合同不能否定王某手中收条的证明力，况且订立合同是当事人主观活动的产物，不能排除李某、建筑公司签订虚假合同，损害王某的债权的可能，况且实际上李某不具备偿还债务的能力。

3. 建筑公司不是善意第三人，王某是李某安排来给建筑公司送货的，建筑公司似乎有理由将王某视为李某的雇工，货主是李某。如果建筑公司当场把货款付给了李某，而王某不作反对表示，则建筑公司完全可以视为善意第三人，但建筑公司并没有立即付款，而是出具了收条，作为日后结算的凭证。如果是李某持收条（债权凭证）来同建筑公司结算，建筑公司支付了货款，那么建筑公司也可以认定为善意第三人，但是建筑公司不问债权凭证的存在与否，仅凭与李某之间有合同就付给李某货款，这样建筑公司主观上就具有了过错，其行为就不构成法律意义上的善意。而王某作为卖方，出示债权凭证，向建筑公司索要债权，是合乎法律要求的，建筑公司没有理由拒绝。也许建筑公司会辩解，自己向李某履行了债务是信守合同的善举，哪里有什么过错？其实建筑公司的过错就在于自己出具收条是作为结算之用的，但在实际结算中又不按债权凭证清偿，因此要对自己的行为承担不利的法律后果。

法律依据

《合同法》第60条："当事人应当按照约定全面履行自己的义务。

当事人应当遵循诚实信用原则，根据合同的性质、目的和交易习惯履行通知、协助、保密等义务。"

10 说借款"不用还"是赠与吗？

典型事例

2008 年 9 月，李某因生病住院向好友朱某借款 3000 元，朱某当时出于朋友义气，对李某说："这 3000 元就算是我送给你的，不用还了。"李某则说，等以后有了钱一定把这 3000 元钱还给朱某。后二人交恶，朱某要求李某偿还借款 3000 元，李某则以 3000 元钱系朱某所赠为由，拒绝偿还。后朱某将李某告上了法庭，要求李某偿还 3000 元借款。

法律分析

关于李某该不该偿还朱某 3000 元钱，有如下两种不同观点：

第一种观点认为，朱某已经将 3000 元钱赠与了李某，李某也接受了这笔钱，赠与合同已经成立，因而，朱某不得再要求李某偿还。

第二种观点认为，朱某虽说要将 3000 元钱赠与李某，但因李某没有接受赠与的意思表示，所以赠与合同未能成立，仅成立一般意义上的借款合同，因此，李某应当向朱某偿还 3000 元。

笔者同意第二种观点，理由如下：《合同法》第 185 条规定，赠与合同是赠与人将自己的财产无偿给予受赠人，受赠人表示接受赠与的合同。根据此条，赠与合同的成立要件，不但要有赠与人将财产无偿赠与受赠人的意思表示，还要有受赠人愿意接受赠与的意思表示，欠缺其中任何一个要件，赠与合同都不能成立。这就是所谓的诺成合同，即当事人一方的意思表示一旦经对方同意即能产生法律效果的合同——"一诺即成"的合同。此种合同的特点在于当事人双方意思表示一致，合同即告成立。

本案中，朱某虽有将 3000 元钱赠与李某的意思表示，但从李某所说等以后有了钱一定把钱还给朱某的话来看，李某主观上没有接受赠与的意思，因此，双方意思表示不一致，赠与合同因欠缺成立要件而未能成立。故李某不能以这 3000 元系朱某所赠为由而抗辩。本案中，朱某与李某之间不成立赠与合同，但成立了一般的借款合同，故朱某要求李某偿还时，李某应当偿还朱某3000 元。

法 律依据

《合同法》第 185 条："赠与合同是赠与人将自己的财产无偿给予受赠人，受赠人表示接受赠与的合同。"

11 是借款还是投资？

典 型事例

2000 年 5 月 12 日，张某与人合伙开办了一公司，因公司缺资金周转，张某便找到其亲戚周某，要求周某借 80 000 元钱给自己，周某见张的公司年年赢利，便提出这 80 000 元作为入股资金，双方约定：不管张某公司是否亏损，周某每年可分得红利 3000 元。2001～2002 年，张某按照双方约定每年分给周某红利 3000 元。2003 年，因张某的公司亏损，张某未支付周某红利。2004 年 6 月，周某找到张某要求其偿还入股资金 80 000 元及拖欠的红利 4 500元，张某则以公司亏损为由要求周某共同承担亏损。为此，周某向法院提起诉讼，请求判令被告张某偿还投资款 80 000 元及应得红利4 500元。法院审理中查明，被告张某公司系一家由自然人出资成立的有限公司，注册资本为500 000元，营业期限自2000年4月26日至2003年12月5日。从2000年3月被告公司提交的工商年检报告看，该公司成立以来，既无股东变更登记又无资本金变更登记，在公司章程"股东名称和姓名"条款中也无原告周某姓名。

法律分析

张某这80 000元到底属股东出资，还是借款，其法律性质究竟如何呢？

此款应认定为借款。有限公司经营过程中吸收新的股东，增加注册资本金，法律是允许的，但必须依法操作，履行必要的法定程序，如双方需有真实意思表示，公司向新股东签发出资证明书，公司章程的修改，法定期限内向工商部门申请变更登记等。本案原告向被告交付80 000元人民币属实，该款项虽然名为"投资款"，但究其性质，由于被告既未向原告签发出资证明书，也未修改公司章程，更未在工商部门变更登记，故此款应认定为借款。

当投资关系发生纠纷并诉诸法院时，当事人出于维护自身利益，经常会故意混淆"投资"的性质：当公司赢利时，投资者希望将"投资"理解成股东出资，以便多获利；而当公司经营状况不佳或亏损时，投资者当然希望给公司提供的是借款，从而避免股东应承受的风险。在类似投资纠纷案件的审理中，某一主体对某公司的"投资"属于股东出资，还是借款性质，可以从以下几方面考虑：

1. 是否履行法定登记程序。投资者对公司出资，直接引起该公司注册资本的增加。按照《公司法》相关规定，增加注册资本是公司的大事，应当履行较为严格的表决程序及登记程序。我国

《公司法》规定，有限责任公司的增资应由董事会制定增加注册资本的方案，然后提交股东会决议，并须经代表2/3以上表决权的股东通过。《公司登记管理条例》规定，公司增加注册资本的，应当自增资款缴足之日起30日内申请变更登记，并同时提交具有法定资格的验资机构出具的验资证明。如果被投资公司履行了上述法定程序，"投资"的性质当然就一目了然了。但在现实生活中，投资行为并不都操作规范，常常是口头协商的多，签署文件的少；事实行为的多，履行登记程序的少。因此，从尊重事实及公平的原则出发，有必要进一步考察其他方面。

2. 投资者与被投资公司的意思表示。判定"投资"是何性质，双方的意思表示最为关键。因为从根源上讲，"投资"行为本身就是基于双方的自由意愿而形成的，一般在"投资"行为开始前，双方就会明确"投资"的形式。双方意思表示的方式很多，口头的商定虽然最直接，亦被广泛应用，但在诉讼过程中，口头意思表示由于无法固定，往往不能成为证据，故主要核实的应为以下几个方面：①书面合同或协议。合同或协议是"投资"性质最直观的记录，因此也是最重要的证据。通过审查合同中"投资"双方权利、义务的规定，包括投资的形式、投资人的回报、投资人是否参与公司经营、投资款是否可收回等内容，我们可以探知"投资"双方的真实意思表示，从而形成对"投资"性质的综合判断。②公司内部资料。如果当事人关于"投资"事项未签订书面合同，或合同内容极其简单不足以反映"投资"性质的，应当考察被投资公司的内部文件资料，包括股东会决议、股东会议纪要、董事会决议、董事会会议纪要、出资证明书等。这些文件是判定"投资"是否为股东出资的参考依据，因为当公司接受新股东出资时，内部领导层往往会首先形成意见，并以会议记录形式记载下来。

3. 投资人是否行使股东权利。如果上述书面证据或不存在，或不足以证明"投资"的性质，不妨进一步考察投资人向公司交付资金后，与公司的权利、义务关系。如果投资人对公司行使股东的权利，如收取过红利，实际参与过公司的经营决策，则可认定为股东出资。

根据笔者上述评析，双方之间没有签订投资合同或其他合意性文件，"投资款"的称谓并不能判定"投资"是股东出资还是借款性质，公司亦未在接受投资之日起 30 日内到有关机关办理登记手续，故在没有其他证据可以印证的情况下，认定原告向被告提供的"投资"系出资入股，证据不足。因此，应当将本案中原告提供的"投资"按借款处理。

法 律依据

《公司法》第 43 条第 2 款："股东会会议作出修改公司章程、增加或者减少注册资本的决议，以及公司合并、分立、解散或者变更公司形式的决议，必须经代表三分之二以上表决权的股东通过。"

《公司登记管理条例》第 31 条："公司增加注册资本的，应当自变更决议或决定作出之日起 30 日内申请变更登记。"

12 什么是一般保证和连带保证？

典 型事例

2005 年 1 月 8 日，个体工商户袁朋因扩大经营之需，准备向李庆借款 10 万元，李庆虽同意借出，但要求按月利率 1.5 分计算利息，期限 3 个月，并要袁朋提供担保。于是，袁朋找到了原野公司的经理王欢，王欢考虑自己虽是经理，但担心他人闲话，也怕日后袁朋还不起，给公司带来太大的负担，提出只能承担一般保证责任，即只有袁朋无力清偿时才担责。李庆、袁朋当即同意，王欢二话没说，便在借据的担保人一栏盖上了公司的公章。约定的还款期届满后，李庆多次向袁朋、原野公司发出过"催收通知书"，但因袁朋经营不善，造成严重亏损，一直没有归还借款本息。2005年7月9日，李庆再次到原野公司催款未果后，要求原野公司在其写明"愿意承担连带保证责任"条款的《履行担保义务通知书》上盖上公章。王欢虽已经注意到保证责任发生了变化，但觉得让李庆跑了那么多趟，却没有给一分钱，实在对不起他，加之还有袁朋"垫底"，遂加盖了单位公章。一个月后，李庆却仅以原野公司为被告，向法院提起诉讼，要求原野公司偿还借款本息。法院经审理后认为，原野公司的第二次签章行为，是明示同意承担连带还款责任。按照《民法通则》和《担保法》的有关规定，判决原野公司返还原告10万元本金并偿付同期银行贷款利息。

法律分析

法院的判决是正确的，因为原野公司的保证责任已因其再次盖章发生了变化。尽管在起初的借据中约定原野公司承担一般保证责任，但王欢在李庆要求原野公司承担连带保证责任的《履行担保义务通知书》上加盖公章时，已注意到保证责任的变化，却仍然加盖公章，无论出于何种目的，均应视为双方协商变更了原来关于保证责任方式的约定，即由一般保证责任变更为连带保证责任，应当认定原野公司是连带责任保证人。在已注意到变化的情况下仍盖章确认，致使加重自己的法律责任，只能让人惋惜。

一般保证责任和连带保证责任是两种区别很大的承担保证责任的方式。根据《担保法》的规定，对一般保证责任，只有在债务人不能履行债务，并且在强制执行其财产后仍不能清偿债务的情况下，债权人方可要求保证人履行保证责任，如果债务人的财产满足了债权人的债权，则保证人的保证责任就会相应免除；对于连带保证责任，保证人与债务人处于同一顺序，只要债务人不履行债务，债权人就可以要求其中任何一人首先履行债务，即债权人可以不先申请执行债务人的财产而直接要求保证人担责。根据最高人民法院《关于审理经济合同纠纷案件有关保证的若干问题的规定》，只要债权人在诉讼时效期限内向保证人主张权利，保证人的保证责任就不应免除。

同时，原野公司可以单独成为本案被告。根据在于，最高人民法院《关于适用〈中华人民共和国民事诉讼法〉的解释》第66条明确规定："因保证合同纠纷提起的诉讼，债权人向保证人和被保证人一并主张权利的，人民法院应当将保证人和被保证人列为共同被告。保证合同约定为一般保证，债权人仅起诉保证人的，人民法院应当通知被保证人作为共同被告参加诉讼；债权人仅起诉被保证人的，可以只列被保证人为被告。"从前面分析可知，原野公司承担连带责任的后果，决定了本案可以不"通知被保证人（李庆）作为共同被告参加诉讼"。

法律依据

《担保法》第17条："当事人在保证合同中约定，债务人不能履行债务时，由保证人承担保证责任的，为一般保证。

一般保证的保证人在主合同纠纷未经审判或者仲裁，并就债务人财产依法强制执行仍不能履行债务前，对债权人可以拒绝承担保证责任。

有下列情形之一的，保证人不得行使前款规定的权利：

（一）债务人住所变更，致使债权人要求其履行债务发生重大困难的；

（二）人民法院受理债务人破产案件，中止执行程序的；

（三）保证人以书面形式放弃前款规定的权利的。"

《担保法》第18条："当事人在保证合同中约定保证人与债务人对债务承担连带责任的，为连带责任保证。

连带责任保证的债务人在主合同规定的债务履行期届满没有履行债务的，债权人可以要求债务人履行债务，也可以要求保证人在其保证范围内承担保证责任。"

最高人民法院《关于适用〈中华人民共和国民事诉讼法〉的解释》第66条："因保证合同纠纷提起的诉讼，债权人向保证人和被保证人一并主张权利的，人民法院应当将保证人和被保证人列为共同被告，保证合同约定为一般保证，债权人仅起诉保证人的，人民法院应当通知被保证人作为共同被告参加诉讼；债权人仅起诉被保证人的，可以只列被保证人为被告。"

13 债务人恶意逃债，债权人如何维权？

典型事例

被告王甲2001年8月6日向原告刘某借款50万元经营一服装店，约定该借款于2003年8月5日归还。后因经营不善，被告借款届期无法归还，原告为此提起诉讼，判决生效后，进入执行程序。法院查明：2003年2月8日，被告将其名下价值30万元的房屋赠与其子王乙并在同年3月办理了过户手续；2003年6月2日，被告将其所有的价值20万的红旗小汽车以9万元的低价转让给其妹夫李某。但此时被告无可供执行的其他财产，法院裁定中止执行。原告得知后，即以利害关系人提起诉讼，认为被告王甲的行为侵害了他的债权，要求确认被告房屋赠与以及汽车转让的行为无效。王甲认为赠与行为发生在借款期限届满前是合法行为，与第三人李某之间的汽车买卖也是经过合法程序完成的，故不同意原告的诉讼请求。法院经审理判决：被告王甲房屋赠与以及汽车转让的行为无效。随后，案件进入执行程序，原告通过行使撤销权挽回了损失。

法 律分析

本案主要涉及合同法中的撤销权。《合同法》第 74 条规定："因债务人放弃其到期债权或者无偿转让财产，对债权人造成损害的，债权人可以请求人民法院撤销债务人的行为。债务人以明显不合理的低价转让财产，对债权人造成损害，并且受让人知道该情形的，债权人也可以请求人民法院撤销债务人的行为。撤销权的行使范围以债权人的债权为限。债权人行使撤销权的必要费用，由债务人承担。"对于在实践中如何把握并正确行使撤销权，维护债权人的合法利益，笔者在此借助上述案例谈谈关于行使撤销权应注意的几个问题。

1. 撤销权的行使要件。撤销权的要件包括：①债权人对债务人的债权合法有效。这是前提条件，因为撤销的行为针对的是损害债权的行为，如果债权本身存在效力问题，那么撤销权就没有意义了。②债务人的行为损害了债权人的债权。换句话说就是债务人的行为已经或者即将极大地减少债务人的责任财产范围。在债法领域，责任财产是指债务人用来承担债务的财产，一般债务人的合法个人财产就是他的责任财产。③债务人的特定行为损害了债权人的债权。特定行为包括：放弃其到期债权、无偿转让财产、以明显不合理的低价转让财产。④债权人行使撤销权时，债务人危害债权的性质仍然存在。

本案中王甲欠刘某人民币 50 万元事实清楚，合法有效。刘某的债权应当用王甲财产来偿还，但王甲以分家析产的形式将房屋赠与王乙，而房屋中并没有王乙的财产权利成分，王乙对于房屋顶多享有继承的期待权。之后王甲又将小汽车以明显不合理的低价转让给李某。故被告王甲房屋赠与以及低价转让小汽车的行为损害了原告刘某的债权，债权人刘某当然可以诉请法院撤销这种侵害行为。

2. 撤销权的行使期限。《合同法》第75条规定："撤销权自债权人知道或者应当知道撤销事由之日起1年内行使。自债务人的行为发生之日起5年内没有行使撤销权的，该撤销权消灭。"所以刘某行使撤销权应当从知道王甲赠与房屋以及转让汽车的行为之日起1年内行使，自行为发生后5年内未行使的，该撤销权消灭。

3. 撤销权诉讼各当事人地位及费用承担问题。最高人民法院《关于适用〈中华人民共和国合同法〉若干问题的解释（一）》第24条规定："债权人依照合同法第74条的规定提起撤销权诉讼时只以债务人为被告，未将受益人或者受让人列为第三人的，人民法院可以追加受益人或者受让人列为第三人。"因此在本案中，刘某在提起撤销权诉讼时，应将王甲列为被告，受让人（受益人）王乙、李某列为第三人。对于行使撤销权费用问题，最高人民法院《关于适用〈中华人民共和国合同法〉若干问题的解释（一）》第26条规定："债权人行使撤销权所支付的律师代理费、差旅费等必要费用，由债务人承担；第三人有过错的，应适当分担。"刘某行使撤销权费用主要由被告人王甲承担，第三人王乙、李某适当分担。

法律依据

《合同法》第74条："因债务人放弃其到期债权或者无偿转让财产，对债权人造成损害的，债权人可以请求人民法院撤销债务人的行为。债务人以明显不合理的低价转让财产，对债权人造成损害，并且受让人知道该情形的，债权人也可以请求人民法院撤销债务人的行为。撤销权的行使范围以债权人的债权为限。债权人行使撤销权的必要费用，由债务人承担。"

《合同法》第75条："撤销权自债权人知道或者应当知道撤销事由之日起一年内行使。自债务人的行为发生之日起五年内没有行使撤销权的，该撤销权消灭。"

最高人民法院《关于适用〈中华人民共和国合同法〉若干问题的解释（一）》第24条："债权人依照合同法第七十四条的规定提起撤销权诉讼时只以债务人为被告，未将受益人或者受让人列为第三人的，人民法院可以追加受益人或者受让人列为第三人。"

14 保证人有权向债务人追偿吗？

典型事例

原告郑某与被告林某原系恋爱关系。2005年12月5日，被告向余某借款8000元，原告为其提供担保。2006年12月18日，法院受理了余某诉原、被告民间借贷纠纷一案，经调解，双方当事人达成协议（以下共称调解协议）：被告同意偿还余某借款5000元，原告对被告负责偿还的债务不承担保证责任；原告同意偿还余某借款3000元。原告按照协议履行了还款义务后向被告追偿，被告以调解协议对还款义务已作了明确分担且借款系原、被告共同举借为由拒不偿付。原告遂于2007年9月27日诉至法院。

法津分析

在调解协议中，原告同意偿还债权人借款 3000 元，是在履行原定的保证责任义务，依法有权向被告追偿。

《担保法》第 19 条规定："当事人对保证方式没有约定或者约定不明确的，按照连带责任保证承担保证责任。"该案原告没有与债权人约定保证方式，其担保应认定为连带责任保证。作为连带责任担保人的原告，依法应对被告欠债权人的 8000 元借款承担连带偿还责任。在调解协议中，债权人余某同意原告偿还 3000 元借款，同时免除其对被告偿还 5000 元借款的担保责任，是债权人行使自由处分权的体现。该协议只是缩小了原告的担保责任范围，并未改变原告系担保人的身份。

原、被告在被告向债权人余某借款时虽然是恋爱关系，但被告并无证据证实借款是由原、被告共同出借的。因此，原告在调解协议中同意偿还债权人 3000 元借款的行为，只能认定其是基于自己所应承担的保证责任还款。同时，原告在调解协议中并未表示履行义务后放弃追偿权。《担保法》第 31 条规定："保证人承担保证责任后，有权向债务人追偿。"因此，该案原告有权向被告追偿替其偿还的 3000 元借款。

法津依据

《担保法》第 19 条："当事人对保证方式没有约定或者约定不明确的，按照连带责任保证承担保证责任。"

《担保法》第 31 条："保证人承担保证责任后，有权向债务人追偿。"

15 借条没有约定还款期限的诉讼时效如何计算？

典型事例

2009 年 8 月 3 日，王某因做生意急需资金周转，遂向朋友李某借款人民币 20 万元，双方约定借款期限为一年，2010 年 8 月 3 日，王某归还了李某 10 万元借款，但表示剩余的 10 万元暂时无力偿还。经李某同意，当日王某将尚欠的 10 万元借款重新出具了一张没有还款期限的借条给李某。2012 年 10 月 1 日，李某向王某催还尚欠的 10 万元借款，但遭到王某拒绝。2012 年 11 月 5 日，李某拟向法院起诉，要求王某归还 10 万元欠款。那么，对王某尚欠李某的 10 万元借款的诉讼时效如何计算呢？

法律分析

对于没有约定还款期限的借条，根据法律规定，出借人可以随时要求返还，诉讼时效从出借人提出返还要求被拒之日起才开始计算。本案中李某向王某催还借款的日期是 2012 年 10 月 1 日，拟向法院起诉的日期是 2012 年 11 月 5 日。因此，本案并没有超过诉讼时效，李某的请求可以得到支持。

在处理民间借贷的司法实践中，经常出现当事人对借款期限没有约定或约定不明的情形，导致对该类借款合同的诉讼时效的起算问题争议较大。一种意见认为，该类案件的诉讼时效应从借款人出具借条的第二日起计算，其法律依据是最高人民法院《关于债务人在约定的期限届满后未履行债务而出具没有还款日期的欠款条诉讼时效期间应从何时开始计算问题的批复》（以下简称《批复》）。《批复》称："经供方同意写下没有还款日期的欠条，应认定诉讼时效的中断。如果供方在诉讼时效中断后一直未主张权利，诉讼时效期间则应从供方收到需方所写欠款条之日的第二天开始重新计算。"另一种意见认为，出具借条与权利受到侵害并不能等同，根据《民法通则》第137条的规定，"诉讼时效期间从知道或者应当知道权利被侵害时起算"。在没有约定还款期限的借款中，只有出借人向借款人提出的还款要求被拒时，才知道自己的权利受到侵害。因此，诉讼时效应从出借人提出返还要求被拒之日起算。

我国《民法通则》第88条第2款第2项规定："履行期限不明确的，债务人可以随时向债权人履行义务，债权人可以随时要求债务人履行义务，但应当给对方以必要的准备时间。"《合同法》第206条规定："借款人应当按照约定的期限返还借款。对借款期限没有约定或者约定不明，依照本法第六十一条的规定仍不能确定的，借款人可以随时返还；贷款人可以催告借款人在合理期限内返还。"最高人民法院《关于贯彻执行〈中华人民共和国民法通则〉若干问题的意见（试行）》第121条规定："公民之间的借贷款，双方对返还期限有约定的，一般应按约定处理；没有约定的，出借人随时可以请求返还，借方应当根据出借人的请求及时返还；暂时无力返还的，可以根据实际情况责令分期返还。"最高人民法院《关于审理民事案件适用诉讼时效制度若干问题的规定》第6条规定："未约定履行期限的合同，依照合同法第六十一条、第六十二条的规定，可以确定履行期限的，诉讼时效期间从履行期限届满之日起计算；不能确定履行期限的，诉讼时效期间从债权人要求债务人履行义务的宽限期届满之日起计算，但债务人在债权人第一次向其主张权利之时明确表示不履行义务的，诉讼时效期间从债务人明确表示不履行义务之日起计算。"可见，在没有约定还款期限的借款中，出借人可以随时要求返还，并且诉讼时效从出借人提出返还要求被拒之日起算。

本案中的借条与《批复》中的欠款条明显不同，王某前一次出具的借条中对还款期限有明确的约定，合同到期后王某归还了部分借款，对于剩余的借款，经李某同意，王某又重新出具了一张无还款期限的借条，该后一借条应认定为李某和王某之间缔结了新的借款协议。由于该新的借条属于未约定履行期限的合同，出借人可以随时要求对方履行，此时诉讼时效按最高人民法院《关于审理民事案件适用诉讼时效制度若干问题的规定》第 6 条的规定处理。因此，本案并没超过诉讼时效的规定，李某的请求可以得到支持。

法 津依据

《合同法》第 206 条："借款人应当按照约定的期限返还借款。对借款期限没有约定或者约定不明，依照本法第六十一条的规定仍不能确定的，借款人可以随时返还；贷款人可以催告借款人在合理期限内返还。"

《民法通则》第 88 条第 2 款第 2 项："履行期限不明确的，债务人可以随时向债权人履行义务，债权人可以随时要求债务人履行义务，但应当给对方以必要的准备时间。"

《民法通则》第 137 条："诉讼时效期间从知道或者应当知道权利被侵害时起计算。但是，从权利被侵害之日起超过二十年的，人民法院不予保护。有特殊情况的，人民法院可以延长诉讼时效期间。"

最高人民法院《关于审理民事案件适用诉讼时效制度若干问题的规定》第 6 条："未约定履行期限的合同，依照合同法第六十一条、第六十二条的规定，可以确定履行期限的，诉讼时效期间从履行期限届满之日起计算；不能确定履行期限的，诉讼时效期间从债权人要求债务人履行义务的宽限期届满之日起计算，但债务人在债权人第一次向其主张权利之时明确表示不履行义务的，诉讼时效期间从债务人明确表示不履行义务之日起计算。"

16 保证人免除保证责任的情形有哪些？

典型事例

陈某通过曹某、彭某认识了徐某，陈某与徐某在湘东承包铁路土方工程。2005年1月28日，徐某向陈某出具借条，借款167 500元，约定还款方式为2005年4月中旬还清，如4月中旬没还清，由曹某和彭某归清。2005年2月26日，曹某和彭某签字认可。期限届满后，徐某偿付陈某97 500元，尚有70 000元未还。陈某多次催讨未果，遂于2006年8月2日诉至法院，请求判令徐某偿还欠款并承担利息，曹某和彭某承担连带责任。

法律分析

从欠条内容来看，曹某和彭某的保证责任应属于一般保证责任。债权人未在法律规定的6个月保证期间对债务人提起诉讼，保证人可以免除保证责任。故依法应驳回陈某要求曹某和彭某承担保证责任的诉讼请求。

保证是指保证人和债权人约定，当债务人不履行债务时，保证人按照约定履行债务或者承担责任的行为。保证的方式分为一般保证和连带责任保证。《担保法》第17条第1款、第18条第1款分别规定：当事人在保证合同中约定，债务人不能履行债务时，由保证人承担责任的，为一般保证；当事人在保证合同中约定保证人与债务人对债务承担连带责任的，为连带责任保证。本案从"如4月中旬没还清，由曹某和彭某归清"的欠条内容来看，曹某和彭某的保证责任应为一般保证责任。

《担保法》第 25 条规定:"一般保证的保证人与债权人未约定保证期间的,保证期间为主债务履行期届满之日起六个月。在合同约定的保证期间和前款规定的保证期间,债权人未对债务人提起诉讼或者申请仲裁的,保证人免除保证责任。"结合本案来看,主债务履行期于 2005 年 4 月中旬届满,双方未约定保证期间,故保证期间应为 2005 年 4 月下旬至 2005 年 10 月下旬。由于债权人陈某系于 2006 年 8 月 2 日对债务人徐某提起诉讼,超过了保证人曹某和彭某的保证期间,因此,曹某和彭某依法可以免除保证责任。本案经二审法院终审判决:驳回陈某要求曹某和彭某承担保证责任的诉讼请求。

保证人一旦与债权人签订了保证合同,就意味着其有代债务人履行主合同义务的可能,当债务人不履行债务时,保证人应按照约定履行债务或者承担相应的民事责任。但按我国《担保法》的有关规定,在以下条件下保证人可以免责:

1. 因合同的意思表示有瑕疵而免责。

(1)主合同当事人双方串通,骗取保证人提供保证的,保证人不承担责任,实践中应把握:一是,必须主合同的双方当事人主观上有故意,如果仅仅是债务人一方故意骗取保证人提供保证,或者保证人碍于主合同一方当事人的情面,或者保证人受一方当事人的行政命令而提供保证的,均不能免除责任;二是,必须主合同的双方当事人已经实施了恶意串通的行为,足以使保证人受骗上当,如果是双方当事人各怀不同的目的,未经串通,由于保证人的过失而提供保证的,仍应承担责任;三是,由于主合同双方当事人的恶意串通欺骗保证人签订了保证合同的事实,且保证人无过错。

(2)主合同债权人采取欺诈、胁迫等手段,使保证人在违背真实意思的情况下提供保证的，保证人不承担民事责任。实践中应注意以下三点：①欺诈、胁迫的主体只能是主合同的债权人，而不包括主合同的债务人，因为保证合同是主合同的债权人与保证人之间签订的，主合同的债务人不是保证合同的当事人。如保证人因受主合同债务人的欺诈、胁迫而与债权人签订了保证合同，不能免除责任，否则会损害债权人的利益。②保证人签订保证合同（提供保证）完全是违背真实意志的，也就是说保证人对主合同双方当事人之间的合同基础和内容完全不知或有重大误解的情况下提供的保证。但不包括半明半暗，"盛情"难却的情况。③因第三人（包括债务人、保证人的上级主管部）的行政命令，甚至威胁而迫使保证人提供保证的，不能免除责任。那么债权人的上级所实施的指令行为迫使保证人提供担保的，能否免除保证人的责任？笔者认为根据《担保法》第 30 条第 2 项之规定，债权人的上级主管部门所采取的欺诈、胁迫行为可视为是债权人的行为，保证人可以免责，因为他们的利益是一致的，造成的后果也是相同的。

2. 因主合同内容变更而免责。《担保法》第 24 条规定："债权人与债务人协议变更主合同的，应当取得保证人书面同意，未经保证人书面同意的，保证人不再承担保证责任。保证合同另有约定的，按照约定。"这里法条明确规定：①尊重保证人的意思自治，保证人自愿为债权人与债务人的主合同提供保证是基于对双方的信任和主合同原有内容的确认，双方当事人对原合同进行变更，实质上是一项新的缔约行为，未经保证人同意当然不承担责任；②强调形式要件，保证人对主合同当事人变更合同内容的行为是否认可必须有书面形式，仅有口头同意，即使有第三人证明也无效，保证人否认的仍可免除责任；③保证人在保证合同中有约定，有授权或放弃自己的监督权的，保证人不能免除责任。

3. 因主债务转移而免责。《担保法》第 23 条规定:"保证期间,债权人许可债务人转让债务的,应当取得保证人书面同意,保证人对未经其同意转让的债务,不再承担保证责任。"实践中应注意:①债务转移必须合法有效,即符合《合同法》第 84 条规定的"债务人将合同义务全部或者部分转移给第三人的,应当经债权人同意",如债务人转移债务未经债权人同意的,转让行为无效,保证人仍要承担责任;②债权人许可债务人转让了部分债务,未经保证人同意,保证人对已转移部分债务可不承担责任,但对未转移的部分债务仍应承担责任;③保证人同意债务人转移债务必须采用书面形式,这种同意的书面形式是一份新的保证合同,对保证期限应从新计算。

4. 因超过保证期限而免责。保证期限为保证责任的存续期间,它关系保证人与债权人之间的债权债务能否行使或履行。根据《担保法》规定,保证可分为两种:①定期保证,即在保证合同中有约定保证人承担保证责任的期限;②无期保证,即在保证合同中双方并未约定保证期限。无论是一般保证还是连带保证,保证人均既可定期保证,也可不定期保证,但二者在保证期限上的免责条件是不同的。

(1)一般保证。

第一,一般保证的定期保证,在保证期限内债权人未行使诉讼权,即未对债务人提起诉讼或者申请仲裁的,保证人免除保证责任。但这里应注意两点:①债权人必须在保证期限内向债务人提起诉讼或仲裁,保证人才承担责任,如债权人在保证期间内仅仅向债务人主张权利,而未提起诉讼或仲裁,保证人即可免责;②债权人在保证期限内不向债务人主张权利并提起诉讼,而直接向保证人主张权利的,保证人享有先诉抗辩权,保证期限也不因此而中断,超过 6 个月,保证人免除责任。

第二，一般保证的无期保证，按照《担保法》第 25 条的规定，保证期间为主债务履行期届满之日起 6 个月。在这 6 个月内债权人未行使诉讼权，即未向债务人提起诉讼或申请仲裁的，保证人免除责任。

（2）连带保证。

第一，连带保证的定期保证，在约定的保证期限内债权人未行使请求权，即未要求保证人承担保证责任的，保证人免除保证责任。《担保法》第 26 条第 2 款规定，债权人必须直接向保证人主张权利，如果债权人仅向债务人主张权利而未向保证人主张权利的，超过期限保证人仍可免责。

第二，连带保证的无期保证。根据《担保法》第 26 条的规定，债权人必须在债务履行期届满之日起 6 个月内行使请求权，即要求保证人承担保证责任，否则保证人免除责任。

5. 因债权人放弃物的担保而免责。《担保法》第 28 条第 2 款规定："债权人放弃物的担保的，保证人在债权人放弃权利的范围内免除保证责任。"也就是说，同一债权，如果既有保证，又有物权担保的，当主债务履行期限届满而主债权未受清偿时，物权担保优先于债权担保而实现。如果债权人放弃物权担保，保证人可以在债权人放弃权利的范围内，免除其保证责任。但这里应注意：①物权担保与保证必须是针对同一债权，如果当事人约定担保的是不同的债权，或同一债权不同部分的，不能适用；如物权担保是主债，而保证担保的是孳息或违约金，就不能适用此规定；②债权人放弃物的担保必须有书面证据；③保证人只在债权人放弃物的担保范围内免除责任，对主债的其余部分仍应承担责任。

法律依据

《担保法》第 17 条："当事人在保证合同中约定，债务人不能履行债务时，由保证人承担保证责任的，为一般保证。

一般保证的保证人在主合同纠纷未经审判或者仲裁，并就债务人财产依法强制执行仍不能履行债务前，对债权人可以拒绝承担保证责任。

有下列情形之一的，保证人不得行使前款规定的权利：

（一）债务人住所变更，致使债权人要求其履行债务发生重大困难的；

（二）人民法院受理债务人破产案件，中止执行程序的；

（三）保证人以书面形式放弃前款规定的权利的。"

《担保法》第18条："当事人在保证合同中约定保证人与债务人对债务承担连带责任的，为连带责任保证。

连带责任保证的债务人在主合同规定的债务履行期届满没有履行债务的，债权人可以要求债务人履行债务，也可以要求保证人在其保证范围内承担保证责任。"

《担保法》第25条："一般保证的保证人与债权人未约定保证期间的，保证期间为主债务履行期届满之日起六个月。

在合同约定的保证期间和前款规定的保证期间，债权人未对债务人提起诉讼或者申请仲裁的，保证人免除保证责任；债权人已提起诉讼或者申请仲裁的，保证期间适用诉讼时效中断的规定。"

《担保法》第26条："连带责任保证的保证人与债权人未约定保证期间的，债权人有权自主债务履行期届满之日起六个月内要求保证人承担保证责任。

在合同约定的保证期间和前款规定的保证期间，债权人未要求保证人承担保证责任的，保证人免除保证责任。"

17 借据金额大小写不一如何处理？

典型事例

2003 年 6 月 10 日，方 X 向法院提交诉状，状告陈 X 拖欠借款 1 万元未还。法院审理时发现，陈 X 已于一年前外出，现下落不明，方 X 提供的陈 X 于 2001 年 8 月出具的借据金额大小写不一致，上书"欠到方 X 借款壹万元（￥1 000.00 元）"。对于本案的事实认定和处理，存在较大争议，那么本案该怎么处理呢？

法津分析

第一种意见认为，本案应中止诉讼。从借据看，不能准确认定借款金额究竟是 1 000 元还是 10 000 元，被告陈 X 又外出下落不明，无法向其核实借款情况，也无从听取到他的答辩意见。如若贸然下判，很可能导致法院判决结果与事实情况不相符的结果，从而损害当事人权益和法院形象。

第二种意见认为，本案应判决驳回原告的诉讼请求。原告对被告借款的事实负有举证责任，但原告提供的借据在关键的借款金额上存在较大的冲突，在一份证据中其证明内容相互对立，应否认该借据的证明效力，故应以原告举证不能驳回其诉讼请求。

第三种意见认为，本案应判决被告归还原告欠款 1 万元。首先，被告在出具借据时将大写金额排在小写金额之前，小写金额用括号括起来，含有对前述大写金额进行注释之意，从借款金额排列的顺序看，排列在先的效力应优先。其次，根据人们的通常习惯，在进行金钱交易时，一般均书写大写金额，并以大写金额为准，而小写金额则可写可不写，且其稳定性较差，容易添加变更，其证明力和重要性远不如大写金额。而且，从人们的书写习惯上看，大写金额因字形较复杂，人们书写时精力相对集中，所写金额与实际金额不同的概率极低，而本案小写金额因"0"较多，在连写或不小心时极易因增减"0"而出错。最高人民法院《关于民事诉讼证据的若干规定》第64条规定："审判人员应当依照法定程序，全面客观地审核证据，依据法律的规定，遵循法官职业道德，运用逻辑推理和日常生活经验，对证据有无证明力和证明力大小独立进行判断，并公开判断的理由和结果。"本案运用逻辑推理和根据日常生活经验，可以认定被告欠原告款项为1万元，故应判决其归还1万元欠款。

笔者认为，本案应判决被告归还原告欠款1000元。理由是：

1. 被告下落不明和原告举证瑕疵并非中止诉讼的法定条件，本案中止审理缺乏法律依据。而且被告何时能够回来或出现系不确定因素，如果中止审理则可能造成原告权益长期得不到法律确认和保护的后果，实质上侵害了原告的合法权益。

2. 本案也不应驳回原告诉讼请求，虽然原告所提供的证据存在内容相互冲突的瑕疵，但证据本身并未否认借款事实；借款事实非此即彼，二者必居其一，只能从中选择一个借款金额予以认定。

3. 在借款金额大小写前后不一致的情况下，将大写金额认定为事实不具有正当性，因为借据是在当事人疏忽状态下形成的，无论是大写金额还是小写金额均存在出错的可能性。借据是连续书写完成的，排列在先的金额不必然效力优先，而且从普通人的视觉感受来看，小写金额较为醒目，更加一目了然，如果该小写金额与实际借款金额不符，当场发现借据瑕疵的可能性也许更大。

4. 最高人民法院《关于民事诉讼证据的若干规定》第73条第2款规定："因证据的证明力无法判断导致争议事实难以认定的，人民法院应当依据举证责任分配的规则作出裁判。"本案的证据具有唯一性，单凭这份唯一的借据本身无法判断事实真相，而原告对主张要求被告归还1万元欠款的事实负有举证责任，但原告提供的借据金额内容冲突，小写金额1000元直接对抗了壹万元的大写金额，原告同时还需就借款金额并非1000元的事实承担举证责任。结合最高人民法院《关于民事诉讼证据的若干规定》第76条"当事人对自己的主张，只有本人陈述而不能提出其他相关证据的，其主张不予支持，但对方当事人认可的除外"的规定，显然，被告未到庭不可能对事实本身进行什么认可，而原告对于自己的主张除了本人陈述和一张相互矛盾的借据外，并无其他证据加以证实，故对原告要求被告归还1万元欠款的主张无法支持。当1万元借款事实无法从法律上予以支持时，认定1000元借款事实就理所当然，故应判决被告清偿原告1000元欠款。

法律依据

最高人民法院《关于民事诉讼证据的若干规定》第73条第2款："因证据的证明力无法判断导致争议事实难以认定的，人民法院应当依据举证责任分配的规则作出裁判。"

最高人民法院《关于民事诉讼证据的若干规定》第76条："当事人对自己的主张，只有本人陈述而不能提出其他相关证据的，其主张不予支持，但对方当事人认可的除外。"

18 民间借贷中违约金条款的效力如何？

典型事例

2007年6月2日，被告吴X向原告徐X借款5万元并签订借款合同一份。双方约定，借款期限为30天，如果吴X到期不还将承担借款总额的 10% 作为违约金。后吴 X 未按期还款，徐 X 经多次催讨无果，于 2007 年 8 月 5 日向浙江省湖州市吴兴区法院提起诉讼，要求吴 X 返还 5 万元并支付违约金 5000 元。吴 X 未答辩。

法律分析

本案中，意见分歧主要有两点：一是民间借贷中约定违约金的条款是否有效；二是法院是否应对违约金的数额主动进行审查。

1. 约定违约金条款的效力认定。要确定民间借贷违约金的效力，必须要对违约金的性质即违约金是补偿性还是惩罚性，进行分析。我国法律对违约金性质的界定体现于《合同法》第 114 条，该条第 1 款规定："当事人可以约定一方违约时应当根据违约情况向对方支付一定数额的违约金，也可以约定因违约产生的损失赔偿的计算方法。"该规定体现了违约金数额和实际损失相匹配的理念，体现了违约金的补偿性特征。同时，该条第 3 款规定："当事人就迟延履行约定违约金的，违约方支付违约金后，还应当履行债务。"这体现了违约金具有一定的惩罚性质。由此可见，我国《合同法》对违约金的性质规定是以补偿性为主，以惩罚性为辅。

我国立法对违约金双重属性的折中认可，决定了当事人在合同中约定违约金条款的合法性，并且允许当事人约定惩罚性的违约金。就民间借贷合同来说，当事人就逾期还款约定违约金，相当于《合同法》第 114 条第 3 款规定的迟延履行违约金，带有一定惩罚性质，是对合同履行的一种担保，起到督促借款人履行还款义务的作用。至于《合同法》第 207 条，笔者认为该规定显示了借款人承担违约责任的方式，但并未排斥违约金等其他形式的责任承担方式，违约金和逾期利息两种方式并不冲突。实践中，多数法院也对借款合同中约定违约金的效力予以承认。因此，在民间借贷合同中，应当允许当事人就逾期还款约定违约金，作为承担责任的一种方式。

2. 法院是否应对违约金的数额主动进行审查。《合同法》第114 条第 2 款规定:"约定的违约金低于造成的损失的,当事人可以请求人民法院或者仲裁机构予以增加;约定的违约金过分高于造成的损失的,当事人可以请求人民法院或仲裁机构予以适当减少。"按此规定,法院对违约金数额的调整是以当事人的请求为前提的,如果当事人没有提出请求,法院能否主动介入呢?

笔者认为,一般情况下,出于对当事人意思自治的尊重,法院对违约金的数额不宜主动调整,但民间借贷合同却另当别论。民间借贷合同是一类较为特殊的合同,其标的物是货币本身,直接影响到资本市场的稳定,属于国家严格控制的领域。相比银行贷款,民间借贷更加方便、快捷,能够有效实现社会资金的合理配置,活跃资本市场。也正是由于民间借贷容易的特点,决定了它的风险大于银行贷款,相应的,它的贷款利率高于银行利率。如果不对民间借贷加以规范,放纵高利贷,会导致借款人由于高额利息无力偿还,严重扰乱金融市场秩序,滋生各种犯罪活动。因此,为了防止高利贷现象,规范民间借贷行为,最高人民法院《关于人民法院审理借贷案件的若干意见》规定了民间借贷的利率最高不得超过银行同期利率的 4 倍。如果允许当事人任意约定违约金,而法院无权予以调整的话,当事人很容易通过约定违约金来规避法律的强制性规定,这无疑会为变相高利贷提供合法外衣。对此问题,上海市高级人民法院《关于审理借款合同纠纷案件若干问题的解答》中明确指出:当事人在借款合同中约定逾期还款的违约金应符合中国人民银行的相关规定,超出规定幅度的部分无效,法院不予支持。尽管其规定是针对借款合同,但《合同法》中民间借贷合同规定在借款合同部分,因此,对于民间借贷合同,该规定亦应当有参照作用。

对于民间借贷合同，法院对违约金数额明显过高、违反民法公平原则或者有放高利贷规避法律嫌疑的，可以主动进行审查。在具体方式上，法官可以充分利用释明权，告知当事人对违约金数额的高低享有合法的请求变更权，由其来决定利益的取舍。这样可以很好的解决意思自治与公平公正原则的矛盾。

本案中，原告徐 X 与被告吴 X 签订的借款合同合法、有效，具有法律约束力，双方当事人应当全面履行协议的约定。被告借款后未按约归还，显属违约，应当承担清偿债务的民事责任。现原告根据合同约定向被告主张违约金，因合同约定并不违反国家法律规定，系双方当事人意思自治的表示，应该予以支持。被告吴 X 应归还原告徐 X 借款 5 万元，支付原告违约金 5000 元。

法津依据

《合同法》第 114 条："当事人可以约定一方违约时应当根据违约情况向对方支付一定数额的违约金，也可以约定因违约产生的损失赔偿的计算方法。

约定的违约金低于造成的损失的，当事人可以请求人民法院或者仲裁机构予以增加；约定的违约金过分高于造成的损失的，当事人可以请求人民法院或仲裁机构予以适当减少。

当事人就迟延履行约定违约金的，违约方支付违约金后，还应当履行债务。"

19 保证期间如何计算？

典型事例

2001 年 12 月 30 日，张某因经商需要，向李某借款 50 万元，约定2002年3月5日还清。王某作为连带责任保证人在借款协议上签了字。后张某经商失败，不知去向。李某于2002年9月3日要求王某承担保证责任，王某认为已过了法律规定的6个月的保证期间，不愿承担责任。李某遂诉至法院。

法律分析

本案的焦点是保证期间如何计算。我国《担保法》第26条规定："连带责任保证的保证人与债权人未约定保证期间的，债权人有权自主债务履行期届满之日起六个月内要求保证人承担保证责任。在合同约定的保证期间和前款规定的保证期间，债权人未要求保证人承担保证责任的，保证人免除保证责任。"因本案中保证人与债权人未约定保证期间，故保证期间应从主债务履行期届满之日即2002年3月6日起计算6个月。对于这一保证期间的起算点并无争议，最大的争议在于保证期间应于何时终止，即如何计算这6个月：是采用历法计算法，以6个月后的2002年9月中与起算日相当之日的前一日（即9月5日），确定为保证期间的最后一日；还是采用自然计算法，即以每月30日，计算6个月，共计180日来计算保证期间？如按前一种计算方法，李某主张权利时未过6个月的保证期间，王某则应承担保证责任；如按后一种计算方法，从2002年3月6日至2002年9月3日，已经过了182日，超过了180日的保证期间，王某就无须承担保证责任了。由此可见，王某是否承担保证责任，完全取决于我国法律采用哪种计算方法了。

我国民法规定了两种类型的期间计算方法：一种是法定期间，《民法通则》第154条第1款规定："民法所称的期间按照公历年、月、日、小时计算。"另一种是约定期间，最高人民法院《关于贯彻执行〈中华人民共和国民法通则〉若干问题的意见（试行）》

第 198 条第 1 款规定:"当事人约定的期间不是以月、年第一天起算的,一个月为 30 日,一年为 365 日。"从中看出我国民法对于法定期间采用历法计算法,即按日历所定的日、星期、年进行计算的方法,无论月之大小、年之平闰,均依日历所定;而对当事人约定期间规定了历法计算法与自然计算法相结合的计算方法。约定期间如以月、年第一天起算的,适用历法计算法;如约定期间不是以月、年第一天起算的,适用自然计算法,以一日为 24 小时,一星期为 7 日,一月为 30 天,一年为 365 日计算。

本案中,双方当事人未约定保证期间,适用法定的 6 个月的保证期间。依《民法通则》第 154 条的规定,这 6 个月的法定期间应依历法计算法计算,即从 2002 年 3 月 6 日始至 2002 年 9 月 5 日止。所以李某于 2002 年 9 月 3 日要求王某承担保证责任,并未超过法定的 6 个月的保证期间,王某应依法承担 50 万元的保证责任。

法 津依据

《民法通则》第 154 条第 1 款:"民法所称的期间按照公历年、月、日、小时计算。"

最高人民法院《关于贯彻执行〈中华人民共和国民法通则〉若干问题的意见(试行)》第 198 条第 1 款:"当事人约定的期间不是以月、年第一天起算的,一个月为 30 日,一年为 365 日。"

20 分别财产制协议登记后能否对抗第三人?

典型事例

吴某与黄某在婚姻期间,由于黄某不同意吴某经商,吴某坚持要经商,为此双方约定:吴某在外经商期间的债权、债务均由吴某个人负责；共同财产中的居住房屋归吴某所有（价值约 20 万元），店面归黄某所有（价值约 20 万元）。双方将上述协议交至房管局和土地管理局备案，并按上述协议进行了分户登记。后由于吴某在外经商欠下 40 余万元的债务。债权人钟某要求吴某和黄某偿还此欠款，黄某以与吴某有财产协议为由，不同意为吴某偿还欠款。

法律分析

首先，《物权法》第 6 条规定："不动产物权的设立、变更、转让和消灭，应当依照法律规定登记。动产物权的设立和转让，应当依照法律规定交付。"本条是关于物权的设立和变动的公示方法的规定。物权的公示是指物权在设立和变动时，必须将物权设立和变动的事实通过一定的公示方法向社会公开，从而使第三人知道物权变动的情况，以避免第三人遭受损害并保护交易安全。本案中，吴某和黄某的房产已进行了变动登记，故具有公示性，即推定第三人知道此物权的变动。

其次，《婚姻法》第 19 条第 1 款规定："夫妻可以约定婚姻关系存续期间所得的财产以及婚前财产归各自所有、共同所有或部分各自所有、部分共同所有。约定应当采用书面形式。没有约定或约定不明确的，适用本法第十七条、第十八条的规定。"夫妻对婚姻关系存续期间所得的财产以及婚前财产的约定，对双方具有约束力。夫妻对婚姻关系存续期间所得的财产约定归各自所有的，夫或妻一方对外所负的债务，第三人知道该约定的，以夫或妻一方所有的财产清偿。

本案中，因吴某、黄某双方进行财产的约定是家庭事务管理采取分别财产制的管理方法，故他们的约定是双方的真实意思表示，符合夫妻财产约定的成立要件；且吴某、黄某双方进行财产约定在前，债务发生在后，不存在逃避债务的法律事实。因此，他们的约定应当有效。

综上所述，吴某和黄某的房产已进行了产权变动登记，即推定第三人知道此物权已依协议进行了物权变动这一事实。既然推定第三人知道该协议，就应按《婚姻法》第 19 条来处理本案，本案中的分别财产制协议登记后能对抗第三人，即由吴某用其一方所有的财产来清偿其在经营过程中的债务。

法律依据

《物权法》第 6 条："不动产物权的设立、变更、转让和消灭，应当依照法律规定登记。动产物权的设立和转让，应当依照法律规定交付。"

《婚姻法》第 19 条："夫妻可以约定婚姻关系存续期间所得的财产以及婚前财产归各自所有、共同所有或部分各自所有、部分共同所有。约定应当采用书面形式。没有约定或约定不明确的，适用本法第十七条、第十八条的规定。

夫妻对婚姻关系存续期间所得的财产以及婚前财产的约定，对双方具有约束力。

夫妻对婚姻关系存续期间所得的财产约定归各自所有的，夫或妻一方对外所负的债务，第三人知道该约定的，以夫或妻一方所有的财产清偿。"

21 婚内借款效力应如何认定？

典型事例

宋某与林某于 2006 年 5 月 6 日登记结婚，婚后因感情不和，林某向法院起诉离婚并要求宋某偿还婚内借款200万元。原告林某称在其与宋某婚姻关系存续期间，宋某先后四次向其借款人民币共计200万元，有借条为据，其要求与宋某离婚并要求宋某立即归还借款200万元。宋某辩称，四份借条均为自己出具，但自己实际向林某借款、出具借条的行为是宋某与林某夫妻之间游戏的结果，退一步讲，即使借款关系成立，该借款也是夫妻共同财产。林某提出该借款的资金来源是向他人所借，但未提供相应的证据。法院对夫妻存续期间，宋某向林某的借款是否支持？

法律分析

婚内借款合同的效力应予肯定，但是要认定婚内借款关系是否成立，不能仅仅依据夫或妻出具的一纸"借条"，还要看是否实际发生过夫或妻一方将自己个人所有的款项出借给另一方的事实。在本案中，林某所述其借款系向亲戚朋友借得，但却又以保密为由拒绝进一步陈述，而宋某本人又无如此巨额财产的可能，林某也未就此进行举证。因而，认定林某未向宋某提供真实借款。

本案争议焦点有婚内夫妻互借合同的效力、林某与宋某之间是否发生真实借款关系两个问题：

1. 婚内夫妻互借合同的效力。婚内借款其实质仍是借贷关系，夫妻在婚内的借款合同并不违背《合同法》关于形式和主体的规定。笔者认为，《合同法》并不禁止有夫妻身份的自然人作为借款合同的主体，并且《婚姻法》也明确规定夫妻在婚姻关系存续期间可以实行财产分别制，可以拥有个人专属的财产，这就为婚内借款合同可以成立并生效提供了前提，因而婚内借款合同的效力应予肯定。

2. 借款真实性的认定。要认定婚内借款关系是否成立，不能仅仅依据夫或妻出具的一纸"借条"，还要看是否实际发生过夫或妻一方将自己个人所有的款项出借给另一方的事实。本案中, 不仅宋某本人否认这些借款的真实存在, 根据事实, 林某并无出借涉案巨额款项的能力。林某称这些款项系向朋友所借, 却无法提供具体来源, 也没有证据表明林某已经偿还或至今仍欠他人这些款项的事实。

对于婚内借款, 仅是夫妻双方管理共同财产的一种方法, 而非夫妻双方对个人财产的一种约定, 因此不能仅仅依据借条直接确认借条所载的款项为夫妻一方的个人财产, 对林某要求宋某偿还借款 200 万元的诉讼请求不应支持。

法 津依据

《婚姻法》第 19 条:"夫妻可以约定婚姻关系存续期间所得的财产以及婚前财产归各自所有、共同所有或部分各自所有、部分共同所有。约定应当采用书面形式。没有约定或约定不明确的, 适用本法第十七条、第十八条的规定。

夫妻对婚姻关系存续期间所得的财产以及婚前财产的约定, 对双方具有约束力。

夫妻对婚姻关系存续期间所得的财产约定归各自所有的, 夫或妻一方对外所负的债务, 第三人知道该约定的, 以夫或妻一方所有的财产清偿。"

22 借款合同中约定的利息超过法律规定有效吗?

典型事例

2009 年 6 月 17 日, 因被告皮某缺少资金, 便向原告罗某借款 515 000 元, 双方约定按月利率 3% 计息, 约定借款期限为一年。

原告罗某如约向被告皮某提供借款后，被告皮某当即向原告罗某出具了借据。2010年6月16日借款期限届满后，经原告罗某多次催收，被告皮某一直以各种理由不予偿还。为此，原告罗某将被告皮某告上了法院。

法律分析

第一，本案中原告罗某向被告皮某提供借款，被告皮某向原告罗某出具借据，双方已形成民间借贷关系。同时，原、被告约定明确借款期限，被告皮某在借款期限届满后，经原告罗某催收仍未偿还借款，已构成违约，应当偿还原告罗某的本金及利息。

第二，最高人民法院《关于人民法院审理借贷案件的若干意见》第6条规定："民间借贷的利率可以适当高于银行的利率，各地人民法院可根据本地区的实际情况具体掌握，但最高不得超过银行同类贷款利率的四倍（包含利率本数）。超出此限度的，超出部分的利息不予保护。"原、被告之间虽就借款利息做出了约定，但是该约定违反了上述规定，因此，超出部分不应得到支持。

最终，法院依法判决被告皮某偿还原告罗某借款本金515 000元，并按银行年利率的4倍支付利息至还款日止，对超出的利息部分不予支持。

法律依据

最高人民法院《关于人民法院审理借贷案件的若干意见》第6条："民间借贷的利率可以适当高于银行的利率，各地人民法院可根据本地区的实际情况具体掌握，但最高不得超过银行同类贷款利率的四倍（包含利率本数）。超出此限度的，超出部分的利息不予保护。"

23 自然人借款合同何时生效？

典型事例

张某与刘某系朋友关系，张某从事木材加工生意，而刘某从事贸易业务。2009 年 6 月，张某的工厂因业务需要，计划引进一套新型加工设备，但是张某的流动资金不足，便向刘某请求借款 20 万元，刘某表示愿意帮助张某，并与张某签订了书面借款协议，约定刘某借款 20 万元给张某，借款期限自 2009 年 7 月 1 日起至 2009 年 12 月 30 日。但是，协议签订后刘某因担心张某无法按期归还，而迟迟未能将款项交付张某。张某多次与刘某联系却未得到答复，张某认为二人已经签订了借款协议，刘某应当履行协议约定的借款义务，于是张某将刘某诉至法院，请求判令刘某承担违约责任，并继续履行借款协议。

法律分析

本案是一起自然人借款合同纠纷案件。审理法院认为，张某与刘某之间的借款合同系自然人之间的借款合同，由于刘某尚未提供借款，因此该借款合同尚未生效，所以不予支持张某的请求。

自然人之间借款的情况在社会生活中广泛存在。自然人之间的借款合同与金融机构作为一方当事人的借款合同相比，主要有以下几方面区别：①自然人之间订立借款合同，既可以采用书面形式，也可以采用口头形式；与金融机构订立借款合同只能采用书面形式；②自然人之间的借款合同是实践合同，自贷款人提供借款时生效；与金融机构订立借款合同，双方当事人签订借款书面协议，合同关系即成立并生效；③在自然人之间的借款合同中，当事人可以约定支付利息，也可以不约定支付利息，当事人约定不明的，视为不支付利息；以金融机构作为当事人的借款合同，借款人必须向贷款人支付利息；④自然人之间的借款合同，约定支付利息的，借款利率不得违反国家有关限制利率的规定；以金融机构为当事人的借款合同，借款利率应当按照中国人民银行规定的贷款利率的上下限确定。

根据《合同法》第210条的规定，自然人之间的借款合同仅有双方当事人的合意并不能生效，必须要有实际的交付行为，即无论当事人的合同采取的是口头形式还是书面形式，借款合同均是在贷款方提供借款时生效。这样规定主要是因为以金融机构为当事人的借款合同一般标的数额较大，订立合同的手续复杂、严格，需要严格遵守有关法律、行政法规及规章的规定。因此，以金融机构为当事人时，借贷双方签订书面协议，借款合同即为生效。自然人之间的借款合同多为无偿、互助性的，且标的额一般较小。此时法律为了鼓励这种自然人之间互助性质的借贷行为，对贷款人的权利给予了特殊的保护——贷款的自由。在贷款人未提供贷款时，合同并未生效，此时借款人不得诉求法院强制贷款人提供借款，即提供借款不是贷款人的合同义务，而是合同生效的前提。

法 律依据

《合同法》第210条："自然人之间的借款合同，自贷款人提供借款时生效。"

24 什么是债权人的代位权?

典型事例

江某为与他人合伙经营地板生意，向廖某借款 2.1 万元，约定借期 6 个月，月息为银行利息的 1.5 倍，到期本息一起付清。江某为廖某出具了欠条。江某用此款与他人合伙倒卖劣质地板，被相关部门查获，将劣质地板全部没收，并每人罚款 1 万元。江某为翻本，竭尽所有财产再次经营地板生意，又亏损，至还款期届满，已无支付能力。廖某多次催要，江某无法清偿欠款。某日，廖某又向江某催债，恰有方某找江某还款，江某将话题扯开，进行掩饰。廖某经了解发现，原来江某数年前曾借给方某 1.5 万元作经营资金，现本息已达 2 万余元。江某认为收回这 2 万余元也还不清债，故欲放弃这一债权，给方某作经营资金，日后自己入股共同经营，廖某向法院起诉，请求江某以此款清偿债务。江某辩称该债权已经放弃，无法清偿债务，但没有证据。

法律分析

是否行使自己的权利，确实是债权人的权利，但是如果不行使这一债权是以逃避债务为目的，那么这种不行使也是不允许的，法院可以依照债权人代位权，判决廖某代位行使江某的债权，用方某的应付欠款偿付廖某的债权。

江某与廖某之间的借贷合同关系合法有效，江某负有按期清偿借贷本金利息的义务；廖某享有按期收回本息的权利。江某因违法经营、经营亏损，不能如期履行清偿义务，是违反合同的行为。

江某为逃避债务，怠于行使对方某享有的债权，损害了廖某的债权，廖某作为债权人可以行使债权人代位权。债权人对自己享有的债权，完全可以根据自己的意识，决定行使或者不行使这个债权。但是，当该债权人又关系到其他债权的债务人时，如果他怠于行使债权的行为使他的债权人的权利无法实现，那么他的行为就是违法的；确认该行为无效的法律依据是《民法通则》第58条第6项，即以合法形式掩盖非法目的的行为，从行为开始时，就没有法律约束力。

依据债权人代位权原理，在债务人怠于行使自己的债权，害及债权人的债权时，债权人可以用自己的名义，代债务人之位，向债务人的债务人请求实现自己的债权。本案中，债权人廖某对债务人江某的上述怠于行使债权，害及自己债权的行为，应当向法院提出代位行使债务人权利的请求，法院应予支持。

在代位权制度中，一般涉及三方当事人、两个法律关系。三方当事人分别是债权人、债务人和第三人（或债务人的债务人、次债务人，以下统称为次债务人）。两个法律关系是债权人与债务人之间的债权债务关系、债务人与次债务人之间的债权债务关系。债权人代位权具有如下主要特点：第一，债权人代位权是一种法定权利，是直接依据法律而生的权利，无论当事人是否在合同中明确约定，债权人都当然享有该权利；第二，债权人代位权是债权人自己的权利，代位权不同于代理权；第三，债权人代位权是债权人代替债务人向次债务人主张权利，因而债权人的债权对次债务人产生了拘束力。

1. 债权人代位权的成立要件。

（1）债务人须有合法债权存在。债务人对次债务人享有的合法债权是债权人代位权的标的，既包括合同、侵权行为所生之债权，也包括无因管理、不当得利所生之债权。如果债务人对他人不享有债权，或权利为非法，则债权人无代位权可言。但根据

《合同法》及其司法解释，债务人的债权作为代位权标的有所限制：①专属于债务人自身的债权，如基于抚养关系、扶养关系、赡养关系、继承关系产生的权利和劳动报酬、退休金、养老金、抚恤金、安置费、人寿保险、人身伤害赔偿请求权等，这些具有人身关系、身份关系的权利，必须由债务人亲自行使，而不能由债权人代位行使；②债务人对次债务人享有的债权必须具有金钱给付内容，非金钱债权如土地承包、企业承包租赁经营请求权等，不能成为债权人代位权的标的；③债务人的债权必须已届履行期，对未到履行期的债权，债权人不得行使代位权。

（2）债务人怠于行使对次债务人的债权。所谓怠于行使，是指债务人应当行使且能够行使权利却不行使。应当行使是指债务人不及时行使权利，其权利有消灭或丧失的可能，如请求权因时效届满而消灭，受偿权因不申报破产债权而丧失。能够行使是指债务人客观上有能力行使权利。如果存在某种足以影响债务人行使权利的无法排除的障碍，则属于不能够行使。衡量是否怠于行使，以债务人是否对次债务人提起诉讼或仲裁为标准。只要债务人没有提起诉讼或仲裁，就应认定为怠于行使权利，债权人即可行使代位权，至于债务人怠于行使出于何种动机在所不问。

（3）债务人怠于行使权利的行为须有害于债权人的债权。所谓有害于债权人的债权，是指债务人怠于行使到期债权的结果，致使其对债权人所负债务的履行构成迟延，债权人的债权未能清偿。如果债务人怠于行使权利对债权人的利益没有任何影响，则债权人自无行使代位权的必要。对于无期限或者期限不确定的债权，须经催告后在合理的期限内债务人仍不履行时，债权人方可行使代位权。

2. 如何行使代位权。关于代位权的行使，主要涉及程序方面的问题。债权人提起代位权诉讼时应符合相关要求，以免导致诉讼失败。

（1）债权人是代位权的行使主体。代位权是债权人所享有的一项权利，只能由债权人行使。债务人的各个债权人在符合法律规定的条件下，均可以独立行使代位权。在有多个债权人的情况下，多个债权人既可以分别对不同的次债务人行使代位权，也可以对同一次债务人行使代位权。在后一种情况下，法院可以合并审理，如不能满足多个债权人的清偿要求，则由提起代位权诉讼的多个债权人按比例受偿。

（2）债权人应以自己的名义行使代位权。代位权不同于代理权，因此，债权人应以自己为原告、以次债务人为被告，向次债务人所在地人民法院提起代位权诉讼，可列债务人为第三人。

（3）债权人应以诉讼方式行使代位权。债权人代位权的行使方式无非有两种，即诉讼方式和直接行使方式。直接行使方式就是债权人直接向次债务人主张权利而不必通过法院裁判。根据《合同法》的规定，债权人只能以向法院提起代位权诉讼的方式来行使，排除了非诉讼方式。即使债权人与债务人或债务人与次债务人先前已约定选择仲裁方式解决纠纷，该约定对代位权行使方式亦不产生拘束力。

（4）代位权行使范围以债权人的债权为限。根据法律规定，如果债权人代位行使债务人一项权利的一部分足以实现自己的债权，就不能对该项权利的全部行使代位权；如果债权人代位行使债务人的一项权利足以实现其债权，则不得对债务人的他项权利行使代位权。反之，如果代位行使债务人的一项权利仍不足以保全其债权，债权人可以依次代位行使债务人的数项权利。

（5）债权人行使代位权的必要费用由债务人承担。我国《合同法》规定，债权人行使代位权的必要费用，由债务人负担。这里的"必要费用"，包括诉讼费、律师代理费、差旅费等。需要说明的是，根据最高人民法院《关于适用〈中华人民共和国合同法〉若干问题的解释（一）》规定，在代位权诉讼中，债权人胜诉的，诉讼费由次债务人负担，从实现的债权中优先支付。这样，债权人在代位权诉讼的请求中可直接要求次债务人承担诉讼费。

3. 代位权行使的效力。代位权行使的效力包括对债务人的效力、对次债务人的效力、对债权人的效力三个方面。最高人民法院《关于适用〈中华人民共和国合同法〉若干问题的解释（一）》第20条规定，债权人向次债务人提起的代位权诉讼经人民法院审理后认定代位权成立的，由次债务人向债权人履行清偿义务，债权人与债务人、债务人与次债务人之间的债权债务关系即予消灭。

应当强调的是，次债务人作为代位权诉讼的被告，一方面，他对于债务人的一切抗辩权（如同时履行抗辩、时效届满抗辩、抵销抗辩等）均可以对抗债权人。另一方面，无论向债务人履行，还是由债权人代为受领，债务人与次债务人的债权债务关系均归于消灭。对债权人来讲，因行使代位权而支出的必要费用，可以请求债务人偿还。

法 津依据

《合同法》第73条："因债务人怠于行使其到期债权，对债权人造成损害的，债权人可以向人民法院请求以自己的名义代位行使债务人的债权，但该债权专属于债务人自身的除外。

代位权的行使范围以债权人的债权为限。债权人行使代位权的必要费用，由债务人负担。"

最高人民法院《关于适用〈中华人民共和国合同法〉若干问题的解释（一）》第11条："债权人依照合同法第七十三条的规定提起代位权诉讼，应当符合下列条件：

（一）债权人对债务人的债权合法；

（二）债务人怠于行使其到期债权，对债权人造成损害；

（三）债务人的债权已到期；

（四）债务人的债权不是专属于债务人自身的债权。"

25 被继承人的债务如何承担？

典型事例

谢甲和谢乙的母亲刘某向王某借款人民币 25 000.00 元用于购买农用车，约定期限为一年。数月后刘某病故。刘某留有遗产砖瓦房屋三间（价值 2 万余元）及农用车一辆（价值 1 万余元），因谢乙经济条件较好，放弃了继承权，遗产均由经济条件一般的谢甲继承。在处理丧事期间，谢乙用礼金偿还王某 5 000 元。现王某要求谢甲和谢乙共同偿还欠款 2 万元。

法律分析

本案所涉及的主要是在债务人死亡后，债务人的继承人是否应当承担偿还债务的责任以及如何清偿的问题，也就是遗产债务如何清偿的问题。本案在研究时对谢甲基于继承其母亲遗产的事实而应当承担偿还责任没有异议，对谢乙是否应当承担责任形成了两种意见：第一种意见认为谢乙虽然没有继承其母亲的遗产，但其已经主动偿还 5 000 元的事实，说明其已经同意接受其母亲的债务，故应当承担偿还责任；第二种意见认为谢乙不应当承担责任。笔者同意第二种意见，具体理由如下：

财产所有人死亡后，倘若死者留下债务，则财产继承人应当承担清偿的责任。因为，从被继承人死亡时起，原属于被继承人的财产已经转归继承人所有，遗产所有权主体已经是继承人而不是被继承人，因此，被继承人所欠债务，继承人在继承遗产的同时，应当负责清偿。

被继承人所遗留下来的债务，应当包括两部分：一部分是被继承人生前所负的债务，主要是指因合同关系所产生的债和因损害赔偿、不当得利、无因管理所产生的债以及依法应当缴纳的税款；另一部分是继承开始时所负的债务，主要是指在被继承人死亡后，因料理后事、处理继承事务所支付的丧葬费、遗产管理费、遗产继承费等。

我国《继承法》对于遗产债务的清偿时间，没有详细规定。根据我国《继承法》的原则精神，一般应理解为从被继承人死亡之时起到遗产分割处理完毕之前。如果遇到特殊情况，不能在遗产分割之前清偿债务，则应在遗产分割后，根据各继承人所继承遗产的多少，由各继承人按比例承担。

我国旧社会对遗产债务的清偿采取的是"父债子还"和"夫债妻还"的制度，而今我国《继承法》原则上采取有限责任原则，也称遗产债务限定清偿原则。所谓遗产债务限定清偿原则是指继承人对被继承人所欠的税款和所负的债务的清偿，限定在所继承遗产的范围内，超出被继承人遗产价值总额以外的税款和债务，在一般情况下，继承人不负清偿责任。我国《继承法》第33条规定："继承遗产应当清偿被继承人应当缴纳的税款和债务，缴纳税款和清偿债务以他的遗产实际价值为限。超过遗产实际价值部分，继承人自愿偿还的不在此限。继承人放弃的，对被继承人依法应当缴纳的税款和债务可以不负偿还责任。"因此，被继承死亡时遗留有个人合法财产，又留有个人债务的，其所遗留的财产权利和财产义务一并由继承人承受。继承人在接受被继承人遗留的财产的同时，也应负责清偿被继承人生前所欠的税款和债务。但继承人承担清偿被继承人生前所欠债务的责任，仅限于其所取得的被继承人的遗产的实际价值，超过遗产实际价值的部分，继承人一般不负清偿责任。

在本案中，债务人刘某所遗留的房屋全部由谢甲继承，而且谢甲所继承遗产的价值远远超过了债务人刘某欠王某的债务金额，所以，按照法律规定，谢甲应当承担偿还王某全部债务的责任。谢乙没有继承其母亲的遗产，因此，谢乙不承担偿还其母亲遗留债务的责任。谢乙虽然自愿偿还了部分债务，但不能以此来强制谢乙继续偿还债务。

法律依据

《继承法》第 33 条第 1 款："继承遗产应当清偿被继承人应当缴纳的税款和债务，缴纳税款和清偿债务以他的遗产实际价值为限。超过遗产实际价值部分，继承人自愿偿还的不在此限。"

继承人放弃继承的，对被继承人依法应当缴纳的税款和债务可以不负偿还责任。

26 赌债受法律保护吗？

典型事例

2013 年 9 月，原告王某等一伙人邀被告李某到宾馆打麻将赌博，因被告系高中学生，无钱参与赌博，王某便借给李某钱让其参与赌博。在打麻将过程中，李某因多次输钱欠下王某大量赌债，事后，王某找李某讨要，李某无力偿还，王某便要求李某向其写下 10 000 元的借条，同时约定还款期限为三天，如不按期支付，则每天按 20% 计算利息。三天之后，王某凭借条向李某及其父母多次讨债未果，便于同年 12 月份，以李某向其借款到期未偿还为由，向法院起诉要求李某偿还借款及利息。

法 律分析

本案双方当事人的争议焦点是：李某向王某写下的借条是否有效？王某的诉讼请求应否予以支持？

一种观点认为，尽管本案债务是因打牌产生，但李某系打牌前向其借款，且打牌输钱无力偿还借款后，李某也主动写下了借条，该借款行为系其主动行为，并非因欺诈、胁迫而写下的，故该债权债务关系成立，李某应当如数偿还借款及利息。另一种观点认为，李某参加打麻将赌博系违法行为，而王某明知李某是为了参加打麻将赌博而借款的情况下，主动借款给王某，此种情况下形成的债务关系是非法债务，借条应属无效，不应受到法律保护，原告的诉讼请求不应予以支持。

笔者同意上述第二种观点，理由如下：

第一，本案的债务属于非法债务，不应受法律保护。根据我国《民法通则》第90条的规定，合法的借贷关系受法律保护。首先，本案中，原告主动拉拢被告参与打麻将赌博，其主观上明知被告借款的用途是参与赌博的。其次，赌博行为违反了我国《治安管理处罚法》等法律明令禁止赌博的规定，也违反了民法公序良俗的基本原则，同时违反了《合同法》第52条损害社会公共利益等法律的规定，属于违法行为。原告在明知被告从事违法行为的情况下，仍然主动借款给被告，基于此生成的借贷关系当属非法的借贷关系，基于此生成的赌债亦不具有合法性和真实性，是违法债务，因此，不应受到法律保护。同时，最高人民法院《关于人民法院审理借贷案件的若干意见》第11条规定："出借人明知借款人是为了进行非法活动而借款的，其借贷关系不予保护。"因此，本案形成的借贷关系不应受到法律保护。

第二，本案被告系限制行为能力人，其所写下的超出其偿还能力的借条当属无效。根据我国《民法通则》第12条之规定，10周岁以上的未成年人是限制民事行为能力人，可以进行与他的年龄、智力相适应的民事活动；其他民事活动由他的法定代理人代理，或者征得他的法定代理人的同意。本案中，被告李某是一个高中生，尚未满18岁，并非以自己的劳动为主要生活来源，属于限制民事行为能力人，只能进行与其年龄、智力相适应的民事活动。李某向原告写下10 000元借条的行为，明显与其本身的年龄、智力、行为能力不相适应，且其写下的借条也并没有得到法定代理人的追认，根据《民法通则》第58条的规定，李某写下的借条应属无效。借条无效，原告和被告之间的借贷关系不成立，原告和被告之间不产生债权债务关系。

综上，笔者认为，对原告要求被告偿还借款10 000元及利息的诉讼请求，不应予以支持。应当判决驳回原告王某的诉讼请求。案件诉讼费也应当由原告承担。

法律依据

最高人民法院《关于人民法院审理借贷案件的若干意见》第11条第1句："出借人明知借款人是为了进行非法活动而借款的，其借贷关系不予保护。"

《民法通则》第58条："下来民事行为无效：

（一）无民事行为能力人实施的；

（二）限制民事行为能力人依法不能独立实施的；

（三）一方以欺诈、胁迫手段或者乘人之危，使对方在违背真实意思的情况下所为的；

（四）恶意串通，损害国家、集体或者第三人利益的；

（五）违反法律或社会公共利益的；

（六）以合法形式掩盖非法目的的。

无效的民事行为，从行为开始就没有法律约束力。"

27 同居债务如何分配?

典型事例

王某和李某均在二龙山农场场部居住，两人于 2008 年举行了结婚仪式，但是未办理结婚登记手续。2010 年年初，王某向邻居赵某借款 3 万元，称用于承包土地，并出具了欠条。3 月王某离家出走，至今下落不明。2010 年年底，赵某向李某索要欠款。李某认为，其与王某并未办理结婚登记手续，只是同居关系，王某在同居期间所负的债务，李某没有偿还义务，李某也不知道王某向赵某借钱的事实。因此，李某拒绝偿还赵某的欠款。赵某无奈将李某告上法庭，要求李某连带偿还欠款 3 万元。

法律分析

最高人民法院《关于适用〈中华人民共和国婚姻法〉若干问题的解释（一）》将男女双方均无配偶而未依照《婚姻法》的规定办理结婚登记手续便以夫妻名义共同生活的行为定性为同居关系。本案中，王某和李某虽未办理结婚登记手续，但吃住在一起，并对外以夫妻名义共同生活，因此属于同居关系。根据最高人民法院《关于人民法院审理未办结婚登记而以夫妻名义同居生活案件的若干意见》第 10 条的规定，解除非法同居关系时，同居生活期间双方共同所得的收入和购置的财产，按一般共有财产处理。同时该意见第 11 条也规定，同居期间为共同生产、生活而形成的债权、债务，可按共同债权、债务处理。

　　法院审理后认为，本案涉及同居关系期间产生的债务如何处理的问题。基于同居期间而产生的债务，必须先分清共同债务和个人债务，共同债务应该由同居双方共同财产清偿，个人债务则应该由个人的财产来清偿。而同居期间所负的债务，是指双方为共同生活或为履行抚养、赡养义务以及一方或双方治疗疾病等需要所负的债务。在同居期间，借款人只要是为了同居双方的共同利益，目的是为了同居生活的需要，并用于同居生活、生产经营，不管是以双方名义还是以一方名义与他人建立的债务关系，均应视为同居期间的共同之债。本案中，王某向赵某借款的目的是用于承包土地，因此属于共同债务。基于同居关系期间而产生的共同债务，双方应承担连带责任，即使一方死亡，另一方也应对全部共同债务承担清偿责任。

法律依据

　　最高人民法院《关于人民法院审理未办结婚登记而以夫妻名义同居生活案件的若干意见》第10条："解除非法同居关系时，同居生活期间双方共同所得的收入和购置的财产，按一般共有财产处理，同居生活前，一方自愿赠送给对方的财物可比照赠与关系处理；一方向另一方索取的财物，可参照最高人民法院（84）法办字第112号《关于贯彻执行民事政策法律若干问题的意见》第18条规定的精神处理。"

　　最高人民法院《关于人民法院审理未办结婚登记而以夫妻名义同居生活案件的若干意见》第11条："解除非法同居关系时，同居期间为共同生产、生活而形成的债权、债务，可按共同债权、债务处理。"

28 以不正当方式索要合法债务有什么法律后果？

典型事例

因购买建材，周某于 2006 年欠下本县个体户陆某人民币 3400 元。到期后周某以建材存在质量问题为由一直未付。2008 年 6 月 12 日，周某因临时有事外出将自己的一辆价值 6000 元的摩托车存放在陆某处。几天后，当周某外出回来欲骑走自己的摩托车时，发现摩托车不见了。陆某坦承摩托车已被他另存他处，并称以此车抵销周某此前欠下的建材款 3400 元及其相应利息，不打算归还给周某。此后，陆某一直拒绝归还。在咨询律师后，2008 年 10 月 22 日，周某将陆某起诉至法院，要求追究陆某的刑事责任。法庭上，陆某不以为然，称："我是在行使债务抵销权、留置权。"但法院最终判决认为，陆某将代为保管的他人财物非法占为己有，数额较大，拒不退还，其行为已构成侵占罪。此结果大大出乎陆某的意料。

法律评析

根据我国《合同法》的规定，陆某无权以行使债务抵销权为由扣押周某的摩托车。《合同法》第 99 条第 1 款、第 100 条规定，当事人互负到期债务，该债务的标的物种类、品质相同的，任何一方可以将自己的债务与对方的债务抵销；当事人互负债务，标的物种类、品质不相同的，经双方协商一致，也可以抵销。由此可知，债务抵销，是指当事人双方互负到期债务，各以其到期债权充抵债务的履行的法律行为。

债务抵销因其产生的根据不同，可分为法定抵销和协议抵销。

73

1. 协议抵销，是指当事人双方协商一致，使自己的债务与对方的债务在等额内消灭。

2. 法定抵销，是指《合同法》第99条规定的债务抵销，应当具备以下条件：①当事人双方互负债务互享债权；②双方债务均已到期；③债务的标的物种类、品质相同。种类相同，指合同标的物本身的性质和特点一致。比如都是支付金钱，或者交付同样的种类物。品质相同，指标的物的质量、规格、等级无差别。

本案中，一方面，周某认为陆某当初卖给他的建材有质量问题，不同意将其摩托车用以抵销欠陆某的货款，因此，本案不存在协议抵销问题；另一方面，周某与陆某双方虽然互负债务互享债权且双方债务均已到期，但周某需要向陆某履行的债务为支付金钱，而陆某根据保管合同的规定需要向周某履行的债务为交还代为保管的摩托车，债务的标的物种类明显不同，不符合债务法定抵销的条件要求。故本案也不存在债务法定抵消问题。陆某以行使债务抵销权为由扣押周某的摩托车，显然是违法的。

此外，陆某以行使债务留置权为由扣押周某的摩托车也是不成立的。我国《担保法》第82条、第84条分别规定："本法所称留置，是指依照本法第84条的规定，债权人按照合同约定占有债务人的动产，债务人不按照合同约定的期限履行债务的，债权人有权依照本法规定留置该财产，以该财产折价或者以拍卖、变卖该财产的价款优先受偿"；"因保管合同、运输合同、加工承揽合同发生的债权，债务人不履行债务的，债权人有留置权"。

由此可知，留置权是指债权人对已占有的债务人的动产，在债权未能如期获得清偿前，留置该动产作为担保和实现债权的权利。留置权的成立须具备以下条件：①债权人依保管合同、运输合同、加工承揽合同等合同的约定占有债务人的动产；②债权的发生与该动产有牵连关系，即债权人对动产的留置权与债务的产生是基于同一法律关系发生的，如加工承揽合同，承揽人因定做人不交付加工费用，有权留置定做人送交的加工定做的物；如果动产与债权无关，则不能成立留置权，即留置权人不得利用本合同的权利对其他无牵连的债的标的行使留置权；③债务必须已届清偿期。

本案中，陆某对周某享有的是建材款债权，而非摩托车保管费，与周某交其保管的摩托车无任何牵连关系，据此，陆某不能对周某的摩托车行使留置权。

而根据《刑法》第270条的规定，陆某扣押周某摩托车的行为符合侵占罪的构成要求，应以侵占罪追究其刑事责任。侵占罪，是指以非法占有为目的，将他人交给自己保管的财物、遗忘物或者埋藏物非法占为己有，数额较大，拒不交还的行为。构成本罪还必须具有非法占有的目的，仅有占有他人财物故意而无非法占有之目的，不能以本罪论处。因此本案陆某隐匿周某价值6000元的摩托车，并拒不交还的行为构成侵占罪。

法律依据

《合同法》第99条："当事人互负到期债务，该债务的标的物种类、品质相同的，任何一方可以将自己的债务与对方的债务抵销，但依照法律规定或者按照合同性质不得抵销的除外。

当事人主张抵销的，应当通知对方。通知自到达对方时生效。抵销不得附条件或者附期限。"

《刑法》第270条："将代为保管的他人财物非法占为己有，数额较大，拒不退还的，处二年以下有期徒刑、拘役或者罚金；数额巨大或者有其他严重情节的，处二年以上五年以下有期徒刑，并处罚金。将他人的遗忘物或者埋藏物非法占为己有，数额较大，拒不交出的，依照前款的规定处罚。

本条罪，告诉的才处理。"

29 "见证人"应否承担连带保证责任？

典型事例

2013 年 5 月 15 日，张三以缺少货款为由向温四借款人民币
20 000 元，双方约定该借款月利率为 2%，每季度支付一次利息，
借期一年，并签订了借贷协议书，该借款由温五作为担保人当场
在借款协议书上签了字。但是在 2013 年 7 月 20 日，温四要求张三
提前归还本金及利息并就相关事项签订了借贷补充协议，双方重
新约定：张三于 2013 年 8 月 30 日之前归还温四借款本金 20 000
元及利息，否则张三应支付违约金 3000 元，温五也在借款补充协
议的保证人、中介见证人后面签了字并按了手印。2013 年 8 月底，
张三未按时还款，温四于是将张三、温五诉至法院。

法律分析

本案中，温五的保证人身份不明确，是否需要承担保证责任？

根据《担保法》的规定，保证是债权的担保方式之一。保证
人是指为债务人履行债务提供信用担保的具有代为清偿债务能力
的法人、其他组织或者公民，亦称"担保人"。而见证人仅是在场
看见双方实施民商事行为的证人，与"在场人"意思近似。温五
作为一个完全民事行为能力人和具有一定社会知识的人，应当知
道在保证人与见证人后签名在法律上所承担的责任是完全不同的。

虽然温五提出在借贷补充协议中出现的"保证人、中介见证
人"中的"担保人"是张三后来加上去，他不应当作为担保人承
担保证责任，而应当作为见证人在民事诉讼中起证明案件事实的

作用，可至于对温五在借款补充协议签字按手印时，"中介见证人"前面是否存"担保人"三字，张三、温五双方都未提供证据予以证明。但是签订借款补充协议时，温五在场，对于重新约定还款时间及违约责任等事项都十分清楚，并在借款补充协议上亲自签名和按手印，同时温五在2013年5月15日的借款协议上以担保人的身份签名，承认了担保人的身份，根据最高人民法院《关于适用〈中华人民共和国担保法〉若干问题的解释》第22条，第三人单方以书面形式向债权人出具担保书，债权人接受且未提出异议的，保证合同成立。主合同中虽然没有保证条款，但是，保证人在主合同上以保证人的身份签字或者盖章的，保证合同成立。这也就意味着：即便温五在借款补充协议上签名和按手印时"中介见证人"前面不存在"担保人"三个字，也不影响温五作为保证人对该借款及利息承担保证责任。

《担保法》第19条规定："当事人对保证方式没有约定或者约定不明确的，按照连带责任保证承担保证责任。"本案中温五作为借款担保人，却因为未和张三约定保证方式，依法应当对该借款及利息承担连带保证责任。连带责任保证的债务人在主合同规定的债务履行期满没有履行债务的，债权人可以要求债务人履行债务，也可以要求保证人承担连带责任，故当温四诉至法院要求实现债权时，温五依法应当对该借款及利息承担连带责任。

综上所述，温五应当作为保证人身份承担保证责任，因张三、温五未约定保证方式，温五依法应当作为连带责任保证人承担连带责任。

法津依据

最高人民法院《关于适用〈中华人民共和国担保法〉若干问题的解释》第22条："第三人单方以书面形式向债权人出具担保

书，债权人接受且未提出异议的，保证合同成立。主合同中虽然没有保证条款，但是，保证人在主合同上以保证人的身份签字或者盖章的，保证合同成立。"

30 先扣除利息的借款受法律保护吗？

典型事例

农村村民程某曾在砖厂打工多年，掌握了一手烧制砖瓦的好技术。程某很想自己开办砖厂发财致富，但苦于只有技术而没有开办资金。同村村民年某在外经商多年，家境富有。年某得知程某要办砖瓦厂的想法后，决定以年利率15%借款15万元给程某，但条件是利息要先从本金中扣除。程某觉得这条件有点苛刻，但确实也急需这笔资金建造砖瓦厂，只好答应了年某的条件。于是，程某和年某共同订立了一份协议，协议规定：年某借给程某人民币15万元，借期一年，年利率为15%，预先从本金中扣除利息2.25万元，实交程某12.75万元，一年后程某返还15万元本金。程某拿到钱后很快建起了砖瓦厂。由于程某技术好，砖瓦厂生意红火，不到一年便收回了成本。到了该还钱的时间，程某心中很不公平了。程某思来想去，决定只还给年某12.75万元，并对年某说，你这是在放高利贷，法律不保护你的。年某一气之下，起诉到法院，要求程某按协议还钱。

法律分析

借款合同是借款人向贷款人借款，到期返还借款并支付利息的合同。借款在日常生活中经常发生，它对于融通资金、互通有无有重要作用。借款分为银行等金融机构的借款和民间借款。如本案中年某借款给程某，他们之间所形成的就是民间的自然人之间的借款纠纷，最主要的还是借款的利息问题。关于借款利息，《合同法》对金融机构借款和民间借款的要求和规定是不一样的，金融机构的借款应当支付利息，而自然人之间的借款合同可有利息，也可以无利息，全凭当事人之间的约定。如果自然人之间的借款合同对支付利息没有约定或者约定不明确的，视为不支付利息。本案中程某和年某在借款合同中约定了利息，那么程某就应当支付。但年某预先在本金中扣除利息的做法是违法的。

《合同法》第 200 条规定："借款的利息不得预先在本金中扣除。利息预先在本金中扣除的，应当按照实际款数额返还借款并计算利息。"本金是贷款人应提供给借款人的借款总额。利息是在借款人对本金经过一定时期的使用时产生的。如果本金没有交付给借款人，却让借款人支付使用本金的利息，对借款人是不公平的。所以法律不允许贷款人预先在本金中扣除利息。如果贷款人以地位和实力优势，迫使对方接受这一不公平的条件，那么这项约定没有法律效力，借款人应当按实际借款数额计算利息。本案中年某预先在本金中扣除利息的做法是违反法律规定的，是不会受到法律保护的。程某得到的实际借款是 12.75 万元，依上述法律规定，程某要返还给年某的借款数额是 12.75 万元，并且按这 12.75 万元的本金计算利息，而不能以 15 万元计算利息。

当前在农村的民间借款中，像年某这样预先在本金中扣除利息的借款人为数不少。这样的做法，意味着借款人得到的借款低于本金，却要支付与实际得到的钱款不符的较高的利息，这是变相地提高借款的利息，是一种高利贷行为，法律明文禁止这类事情的发生。

在借款合同中，借贷双方互相负有义务，贷款人有按约定的日期和数额提供贷款的义务；借款人有按约定的期限、数额返还贷款、支付利息的义务。支付利息是借款合同履行的重要内容。本案中，如果程某只返还本金 12.75 万元而不返还利息的话，对年某也是不公平的。所以程某在返还本金的同时，也要返还利息。符合法律规定的做法是，该借款合同应视为一个本金为 12.75 万元的借款合同，程某在返还本金 12.75 万元的同时，还要支付 12.75 万元的本金的利息 1.9125 万元。《合同法》第 211 条第 2 款规定："自然人之间的借款合同约定支付利息的，借款的利率不得违反国家有关限制借款利率的规定。"依据最高人民法院《关于人民法院审理借贷案件的若干意见》的规定，民间借贷的利率可以适当高于银行的利率，各地法院可以根据本地区的实际情况具体掌握，但最高不得超过银行同类贷款利率的 4 倍（包含利率本数）。超出此限度的，超出部分的利息不予保护。根据以上规定，自然人之间的借款利率也不能由借贷双方随意确定，要受一定的限制，超出国家法律法规所规定的限度的，超出的那部分利率不受法律保护。本案中年某所定的利率在法律法规规定的范围内，所以受法律的保护。

法律依据

《合同法》第 200 条："借款的利息不得预先在本金中扣除。利息预先在本金中扣除的，应当按照实际款数额返还借款并计算利息。"

《合同法》第 211 条第 2 款："自然人之间的借款合同约定支付利息的，借款的利率不得违反国家有关限制借款利率的规定。"

31 收条与借条有何不同？

典型事例

2005 年 3 月，邹某向法院提起诉讼称，被告孙某因急用钱曾向原告借款 2 万元,被告向原告出具了收条,现诉至法院要求被告偿还借款。在庭审中,邹某向法院提交了被告书写的收条,收条上载明:"今收到人民币 20 000 元整。"孙某辩称,从未向原告借过款,反而是原告曾向其借款 2 万元。后原告还款时,因以前打过的借条丢失,所以向原告出具了这张收款收条。法院经审理后认为,因原告提供的证据不能证明原、被告之间存在借贷关系,故判决驳回原告的诉讼请求。

2005 年 8 月,邹某再次向法院提起诉讼称,上次诉讼是为了要回被孙某侵占的 2 万元而编造了借款事由,事实上双方并不存在借贷关系,原告也未购买过被告任何物品,被告收取原告 2 万元没有法律依据,属不当得利,应依法予以返还。法院经审理后认为,被告主张该收条是原告在向被告归还借款时出具的,被告并未举证证实,故应认为被告取得该 2 万元,没有合法根据,构成不当得利,应当予以返还。法院判决被告返还原告 2 万元。判决后,被告孙某不服,向中级人民法院提起上诉。

中级人民法院认为,不当得利作为债的发生原因之一,表明在当事人之间因利益发生不当变动而产生的一种债权债务关系。而仅凭上诉人孙某出具的收条,不能确定邹某与孙某之间存在债权债务关系,故判决:驳回被上诉人邹某的诉讼请求。

法津分析

1. 借条与收条法律性质不同。借条与收条都属凭证便条文书,都反映了当事人之间一定的经济关系,是当事人双方为了证明经济、事务往来的真实情况,并明确各自的权利与义务订立的条文。但二者在法律性质上有着根本的不同。

第一,二者形成的法律前提不同。借条是借、贷双方在设立权利义务关系时,由债务人向债权人出具的债权凭证,其内容基本上具有借贷合同的几个要素，它是由债权人实施将自己的钱物借给债务人的行为所引起的。收条是接收人收到钱款、物品后，向送交人出具的书面凭证，它是由送交人送交接收人财产的行为引起的。第二，二者载明的内容不同。一个完整的借条应当载明以下内容：借款人、被借款人、借款金额、借款时间、还款时间、有无利息及利息计算标准等。从法理上讲，借条实质上是一份简化的借款合同。收条一般具有五个要件：送交人、收取人、收取理由、收取内容及收取时间。第三，借条与收条反映的法律关系不同。借条明确反映了当事人之间存在债权债务关系，收条在法律上通常是履行义务的凭证，接收人出具收条，只表明送交人完成了基于法律或双方约定的义务。第四，借条与收条的法律效力不同。由于借条实际上是一份简化了的借款合同，其法律后果是在当事人之间确立了债权债务关系，借款人应当依照约定向出借人归还借款或物品，否则将承担相应的违约责任。收条只能证明当事人之间发生给付与收取财产的事实，但不能证明当事人之间存在债权债务关系，即收条并非是债的必然凭证。当事人一方仅凭收条是不能要求对方支付收条上载明的财产的。

2. 关于当事人举证责任分配。原告起诉称被告曾向其借款 2 万元，同时不存在法律规定的举证责任倒置和举证责任免除的情形，依据"谁主张谁举证"这一举证责任分配原则，原告对其诉请的这一事实应当负有举证责任。而原告向法庭提交的收条只能证明原告收到被告人民币 2 万元这一事实，至于这 2 万元是否是基于借款关系，仅凭这一收条还达不到证据盖然性标准，原告的举证责任还没有完成，仍须提供新的证据予以证实。若原告无法提出新的证据，则只能承担败诉责任。

3. 当事人之间债权债务关系不明确能否适用不当得利。所谓不当得利，是指没有法律或者合同的根据，因他人财产受到损失而使自己获得利益的法律事实。《民法通则》第 92 条规定:"没有合法根据,取得不当利益,造成他人损失的,应当将取得的不当利益返还受损失的人。"不当得利在法律性质上属于债的一种,由于不当得利没有合法的根据,因而虽属既成事实也不受法律保护,并随这一自然事实的出现而在当事人之间形成相应的债权债务关系。这种因不当得利而产生的债称为不当得利之债。

构成不当得利的请求权,须具备以下四个要件:①须一方获得利益。这是不当得利成立的必要条件。没有一方的利益取得,也就不会发生得利的问题。所谓一方的利益,是指因一定的事实结果,使当事人取得财产利益,至于当事人取得利益的原因和方法则无关紧要。②须他方受有损失。损失是指因一定的事实结果使财产利益的总额减少,既包括积极损失,也包括消极损失。积极损失,又称为直接损失,是指现有财产利益的减少;消极损失,又称为间接损失,是指财产应增加而未增加,亦即应得财产利益的损失。③须一方受利益与他方受损失间有因果关系。因果关系是指他方的损失是因一方受益造成的,一方受益是他方受损的原因,受益与受损二者之间有变动的关联性。④受益必须是没有合法根据。受益无合法根据,是指一方受益缺乏合法的原因。必须是没有合法根据,这是不当得利之债成立的一个至关重要的条件。如果一方受益,他方受损有着合法的原因,那么,这种"损""益"结果,理应受法律保护,不存在不当得利问题。

根据上述评析,不当得利必然使受益人与受损人之间发生债权债务关系,因而受损人享有要求受益人返还不当受益的权利。被告孙某向邹某出具收条,虽能证实孙某收到钱款这一法律基础事实,但这种收取行为是否缺乏合法原因,收条并不能证实,也无法证实邹某与孙某之间存在某种债权债务关系,因此,邹某以不当得利之债为由要求孙某返还 20 000 元,是没有法律依据的。

由于邹某不能举出充足证据证实其与孙某存在债权债务关系，二审法院判决其败诉是正确的。

法律依据

《民事诉讼法》第 64 条第 1 款："当事人对自己提出的主张，有责任提供证据。"

《民法通则》第 92 条："没有合法根据，取得不当利益，造成他人损失的，应当将取得的不当利益返还受损失的人。"

32 借款催收期限不明，谁应承担举证责任？

典型事例

2003 年 10 月，甲以借条为据，起诉乙还款 5 万元。诉状称：2001 年 6 月 3 日，乙向其借款 5 万元并出具借条 1 张，但借条上只写了"6 月 3 日"，未写年。同年催收时，乙在借条上写明"12 月底归还"，仍未写年。现乙到期不还款，请求判令被告归还借款本金 5 万元及支付逾期利息。乙辩称，借款是在 2000 年 6 月 3 日而非 2001 年 6 月 3 日，"12 月底归还"也是写于 2000 年，甲的起诉已超过 2 年诉讼时效，请求判决驳回其诉讼请求。庭审中，甲承认借条写于 2000 年，但坚持"12 月底归还"系 2001 年向被告催收时所写。

法律分析

1. 原告对诉讼时效中断的主张应承担举证责任。借款发生在 2000 年 6 月 3 日，距 2003 年 10 月起诉时已超过 2 年诉讼时效，原告应对起诉未超过时效负举证责任。原告虽然提供了被告书写的

"12月底归还"的字条作为证据，但存在年份不确定的重大瑕疵，只能证明有催收的事实，尚不能证明催收的具体时间。最高人民法院《关于民事诉讼证据的若干规定》（下称《证据规定》）第2条第1款规定："当事人对自己提出的诉讼请求所依据的事实或者反驳对方诉讼请求所依据的事实有责任提供证据加以证明。"故原告应对"12月底归还写于2001年"的主张承担举证责任。

2. 原告对引起合同关系变动的事实应承担举证责任。原告主张"12月底归还写于2001年"，系将还款时间确定在2001年12月31日前，引起了合同内容的变更，根据《证据规定》第5条"主张合同关系变更、解除、终止、撤销的一方当事人对引起合同关系变动的事实承担举证责任"的规定，原告对此应承担举证责任。

3. 原告应为自己的反悔承担举证责任。原告在诉状中陈述"借款和催收在同一年（即2001年）"，被告也承认发生在同一年（即2000年），但在开庭时原告又改称借款与催收不是同一年，即"借款发生在2000年，催收在2001年"。如果不考虑具体的"年"份，原告诉状陈述的"借款和催收在同一年"与被告的抗辩相符，构成先行自认，客观上有利于被告。《证据规定》第74条规定："诉讼过程中，当事人在起诉状、答辩状、陈述及其委托代理人的代理词中承认的对己方不利的事实和认可的证据，人民法院应当予以确认，但当事人反悔并有相反证据足以推翻的除外。"所以原告应为其反悔承担举证责任。

4. 被告"催收与借款发生在同一年"的抗辩符合书写习惯。"12月底归还"未写"年"而引发争议，属时间不明，即履行期限不明确。《合同法》第61条规定："合同生效后，当事人就质量、价款或者报酬、履行地点等内容没有约定或者约定不明确的，可以协议补充；不能达成补充协议的，按照合同有关条款或者交易习惯确定。"由于本案的合同就是借条,从"12月底归还"上无法推测出催收时间,因此只能按交易习惯来确定。本案的交易习惯就是书写习惯。按照书写习惯,两个时间写在一起而都只写月、日时,这两个时间一般发生在同一年;如果不是同一年,应当加以区分,这是生活常识。乙在出具借条时没有写"年",甲在向乙催收时也没有写"年",按照习惯,还款与借款的时间一般是同一年。原告已经承认借款时间是2000年,因此催收时间也应推定是2000年。

法律依据

最高人民法院《关于民事诉讼证据的若干规定》第2条第1款:"当事人对自己提出的诉讼请求所依据的事实或者反驳对方诉讼请求所依据的事实有责任提供证据加以证明。"

最高人民法院《关于民事诉讼证据的若干规定》第5条:"主张合同关系变更、解除、终止、撤销的一方当事人对引起合同关系变动的事实承担举证责任。"

《合同法》第61条:"合同生效后,当事人就质量、价款或者报酬、履行地点等内容没有约定或者约定不明确的,可以协议补充;不能达成补充协议的,按照合同有关条款或者交易习惯确定。"

33 以"借款"为名的买房纠纷怎么判?

典型事例

2010年11月,郑先生与董某签订了一份借款合同。借款合同中约定,郑先生向董某借款人民币150万元,借款期限6个月;双方还约定董某将上述借款交付郑先生后,郑先生将其所有的一处房屋作为抵押交付给董某居住使用。

今年8月，郑先生到法院起诉董某，诉称双方约定的还款期限已过，他按照当初借款合同的约定归还董某借款及其他款项，但董某拒绝接受还款并坚持要用自己的房子来抵债。故诉至法院，要求董某接受当初的借款及相应的利息共计170万元，并立即腾退占用的房屋。

而董某则声称事实完全不是郑先生所说的那样，真实情况是：双方在2010年就买卖上述房屋进行协商后签订了房屋买卖合同，当时就给付了郑先生全部购房款共计150万元。但是因为签约时郑先生的房屋暂时办不了房产证，为了防止将来一旦房屋不能过户"房财"两空，双方同意将购房合同的内容写成借款合同。其中载明如将来该处房屋办不了房产证不能过户，就由郑先生归还董某当初的购房款并支付相应的利息。因此实际上双方之间签订的是房屋买卖合同。

法津分析

法院经审理后查明，2007年10月郑先生购买了涉案房屋，2010年11月，郑先生作为乙方与甲方董某签订了一份借款合同，合同的第4条约定："甲方借给乙方150万元整，借期为6个月，从开始交付款项之日起计算，还款期限届满时，乙方需将房屋的钥匙和使用权交付甲方，并应将署有自己名字的房屋所有权证交付给甲方以做抵押，甲方有权随时要求乙方办理房屋过户手续。待该处房屋过户后，该借款合同自动失效。若乙方不能取得房屋产权证或者未能将房屋产权过户给乙方，则甲方须返还借款本金并支付借款总额10%的违约金。"后该房一直由董某居住使用，2013年政府有关部门通知郑先生该处房屋可以办理房产证。

郑先生与董某签订的借款合同系双方真实意思表示，且内容合法有效，双方当事人均应按照合同的约定履行各自的义务。借款合同约定董某借给郑先生 150 万元，借期为 6 个月，郑先生将房屋的钥匙和使用权交付董某，并承诺将协助董某办理房屋过户手续，并且在该合同中未约定如何还款及借款利息情况。从该合同期满后的后续义务是办理房屋过户手续而不是偿还借款的实质内容来分析，法院认为该合同名为借款合同，实为董某以 150 万元购买郑先生房屋的房屋买卖合同。法院最终确认双方所签合同名为借款合同，实为房屋买卖合同。故法院最终没有支持郑先生的诉讼请求。

当事人双方在民事活动中行使权利、履行义务应当遵循诚实信用的原则。上述案件中郑先生与董某签订的借款合同系双方真实意思表示，且内容合法有效，双方当事人均应按照合同的约定履行各自的义务。虽然双方在借款合同中约定到还款期限届满时，如董某不能取得房屋的产权，则郑先生须返还借款的本金并支付借款总额 10% 的违约金，但上述合同内容成立后，贷款人董某并未在合同约定的借款期限届满时督促借款人郑先生及时履行归还借款的义务，并事实上一直在占有并使用上述房屋，故应视为贷款人与借款人双方均认可并接受了上述房屋买卖并转移占有的事实。另外，考虑到近年来房屋价格变化极大，而郑先生直到 2013 年在得到相关部门通知该房屋可以办理房产证后才向法院提起诉讼，并主动要求返还欠款并让董某腾退房屋，其上述行为早已超过了履行合同的合理期限，现郑先生要求董某接受房款及违约金，并腾退房屋的诉讼请求法院不应支持。

法津依据

《合同法》第 60 条："当事人应当按照约定全面履行自己的义务。

当事人应当遵循诚实信用原则，根据合同的性质、目的和交易习惯履行通知、协助、保密等义务。"

34 主合同履行期限延长,保证人是否承担保证责任?

典型事例

被告李某分别于 2008 年 5 月 8 日、6 月 2 日、7 月 8 日向原告张某借款并出具三张借条，借款金额分别为 50 000 元、50 000 元、25 000 元。被告王某在以上三张借条上以保证人身份签字确认。借款到期后，被告李某未能按约在同年 8 月底前归还。经与原告协商，9 月 5 日被告李某又出具一张说明给原告张某，内容："2008年 5 月 8 日、6 月 2 日、7 月 8 日借款三笔计 12.5 万元整，定于 9月 30 日前一次性还清。"落款处李某签名。借款到期后，借款人、保证人均未能还款。原告张某于同年 12 月诉至法院要求被告李某还款、被告王某承担保证责任。

法律分析

本案的争议焦点在于债权人与债务人对主合同的某项内容作了变动，未经保证人确认，保证人对变更后的合同是否仍要承担保证责任。

本案中，李某分别于 2008 年 5 月 8 日、6 月 2 日、7 月 8 日向张某借款 50 000 元、50 000 元、25 000 元，并出具三张借条，约定于 2008 年 8 月底前归还，据此李某与张某就借款的事实达成借款合同，王某以担保人的身份在三张借款合同上签字，可确认王某为以上三份借款合同作了保证，但未约保证方式和保证期限。按照我国《担保法》第 19 条"当事人对保证方式没有约定或者约定不明确的，按照连带责任保证承担保证责任"的规定，保证人王某的保证方式为连带责任保证；同时该法第 26 条第 1 款规定：

"连带责任保证的保证人与债权人未约定保证期间的，债权人有权自主债务履行期届满之日起 6 个月内要求保证人承担保证责任。"根据该规定，保证人王某的保证期限为自该借款合同履行期届满之日即 2008 年 9 月 1 日起至 2009 年 2 月底。

但本案中，借款合同规定的履行还款期限届满后，债务人李某未履行还款义务，而是在与债权人张某协商后，于 9 月 5 日给张某出具了一张说明，内容为："2008 年 5 月 8 日、6 月 2 日、7 月 8 日借款三笔计 12.5 万元整，定于 9 月 30 日前一次性还清。"该份说明即是对之前的三份借款合同的变更。因为合同变更是指合同成立后，尚未履行或者尚未完全履行前，当事人就合同内容达成修改或者补充的协议，所以原借款合同约定 2008 年 8 月底前履行还款，经变动后的借款合同的履行期限延迟一个月，即变为 2009 年 9 月 30 日履行借款合同。但该份说明没有保证人王某的签名，即未经保证人王某的书面同意。

这种情况下，债权人与债务人变更主合同后，未经保证人书面同意，保证人是否还需承担保证责任？正常情况下，保证人是根据主合同内容来考虑是否对其提供担保的。因此，主合同的变化对保证人的利益有影响，债权人与债务人协商对主合同内容进行变更，应当征得保证人的同意。但是，并不是主合同内容的任何变化，只要没有经过保证人同意，保证人一律不承担责任。对主合同变化的内容应当作具体分析，有些变化对保证人没有不利影响，甚至有利于保证人，因此，主合同发生变化对保证人应承担保证责任的影响，重点在于是否加重了保证人的责任，如果未加重保证人的责任，保证人仍应当对变更后的合同承担保证责任。

我国《担保法》第 24 条规定："债权人与债务人协议变更主合同的，应当取得保证人书面同意，未经保证人书面同意的，保证人不再承担保证责任。保证合同另有约定的，按照约定。"但最高人民法院《关于适用〈中华人民共和国担保法〉若干问题的解释》第 30 条又作了解释："保证期间，债权人与债务人对主合同数量、价款、币种、利率等内容作了变动，未经保证人同意的，如果减轻债务人的债务的，保证人仍应当对变更后的合同承担保证责任；如果加重债务人的债务的，保证人对加重的部分不承担保证责任。债权人与债务人对主合同履行期限作了变动，未经保证人书面同意的，保证期间为原合同约定的或者法律规定的期间。债权人与债务人协议变动主合同内容，但并未实际履行的，保证人仍应当承担保证责任。"

　　本案中，债权人张某与债务人李某就借款合同的履行期限作了变动，未加重保证人的保证责任，保证人王某仍应按照原来的约定或是法律规定的保证期间承担保证责任，保证期间为 2008 年 9 月 1 日起至 2009 年 2 月底。

法 津依据

　　《担保法》第 24 条："债权人与债务人协议变更主合同的，应当取得保证人书面同意，未经保证人书面同意的，保证人不再承担保证责任。保证合同另有约定的，按照约定。"

　　最高人民法院《关于适用〈中华人民共和国担保法〉若干问题的解释》第 30 条："保证期间，债权人与债务人对主合同数量、价款、币种、利率等内容作了变动，未经保证人同意的，如果减轻债务人的债务的，保证人仍应当对变更后的合同承担保证责任；如果加重债务人的债务的，保证人对加重的部分不承担保证责任。债权人与债务人对主合同履行期限作了变动，未经保证人书面同意的，保证期间为原合同约定的或者法律规定的期间。债权人与债务人协议变动主合同内容，但并未实际履行的，保证人仍应当承担保证责任。"

35 两人共同签字借款，债权人可否仅起诉一人？

典型事例

被告李某与郭某系同村好友，应郭某要求，二人于 2013 年 7 月向原告陈某借款 10 000 元，约定借款一年，两人在借条借款人处均签字确认，但借款实际由郭某支配。借款到期未还，现原告陈某起诉李某，要求李某偿还借款 10 000 元。李某以借款为两人所借且实际为郭某支配为由提出异议。经查，郭某因吸食毒品现正在戒毒所强制隔离戒毒两年。

法律分析

1. 李某系借款 10 000 元的共同债务人而非保证人。保证系保证人与债权人就被保证人（债务人）向债权人所负之债务达成的提供保证之合意。保证一般后于主债权债务关系而存在，但在实践中，也有债务人向债权人借款的同时，保证人在债务人出具的借条上签字保证的情况。但无论如何，保证系双方合意行为，保证人有为主债务保证之意思表示，债权人须有接受保证人保证的意思表示。本案中，虽然李某系因郭某之要求借款，且借款实际由郭某支配，但李某当时并无保证之意思表示。陈某不知所出借的借款 10 000 元实际由郭某一人支配，更无要求或接受李某为债务 10 000 元提供保证之意思表示。李某在借条借款人处签字系其为债务人之意思表示，其系借款 10 000 元的共同债务人而非保证人。共同借款中李某应得的部分由郭某支配使用，实为李某与郭某间新的债权债务发生，不影响李某向陈某借款的事实。

2. 李某对借款 10 000 元承担连带清偿责任，陈某有权仅起诉李某一人。李某与郭某共同向陈某借款，并在借条上签字确认，系借款 10 000 元的共同债务人。依《民法通则》第 87 条之规定，李某与郭某对债务承担连带清偿责任，陈某可要求任一连带责任人承担清偿责任；陈某可选择性起诉，既可以将李某、郭某一并起诉，也可以只选择其中的李某作为被告。依据《民事诉讼法》119 条的规定，陈某起诉李某一人完全符合立案条件，人民法院应予立案受理。

3. 郭某系必须共同进行诉讼的当事人，法院应通知郭某参加诉讼。法律赋予权利人要求连带责任人承担全部责任的权利，并保证了权利人诉权，但该诉权的行使须符合《民事诉讼法》关于共同诉讼的规定。《民事诉讼法》第 52 条规定："当事人一方或者双方为二人以上，其诉讼标的是共同的，或者诉讼标的是同一种类、人民法院认为可以合并审理并经当事人同意的，为共同诉讼。"对于诉讼标的具有共同性或者具有必须合一确定的牵连性的共同诉讼，必须由法院合并审理。《民事诉讼法》第 132 条同时规定，必须共同进行诉讼的当事人没有参加诉讼的，人民法院应当通知其参加诉讼。那是否连带责任人一定为必须共同进行诉讼的当事人呢？最高人民法院《关于适用〈中华人民共和国民事诉讼法〉的解释》对几种类型的连带责任人是否为必须进行共同诉讼的当事人做了明确规定，除连带保证中的保证人与被保证人为非必须共同进行诉讼的当事人外，其他均为必须进行共同诉讼的当事人。而对于上述规定之外的连带责任人是否为共同诉讼当事人，法律并未作出统一明确的规定。实际上，连带责任人是否必须共同参与诉讼，应从共同诉讼的定义出发，只要连带责任人指向法律关系即诉讼标的是共同的、同一的，连带责任人就应共同参与诉讼。如在共同侵权中，共同侵权人与被侵权人之间的法律关系即诉讼标的是共同的，共同侵权人就必须共同参与诉讼。李某与郭某共同向陈某借款，法律关系为 10 000 元的借贷关系，诉讼标的是共同的，应为共同诉讼，郭某为必须共同进行诉讼的当事人。因此，原告陈某虽有权只起诉李某一人，但法院立案受理后，应依据《民事诉讼法》第 132 条的规定，通知郭某参加诉讼。

4. 法院应裁定中止诉讼。法院依法通知郭某参加诉讼，但郭某因吸食毒品被强制隔离戒毒两年，无法参加诉讼，系因不可抗拒事由不能参加诉讼，依照法律之规定，应裁定中止诉讼，待郭某隔离戒毒结束或吸食毒品情况好转可参加诉讼后恢复诉讼，再判令李某与郭某连带偿还借款 10 000 元。

法律依据

《民法通则》第 87 条："债权人或者债务人一方人数为二人以上的，依照法律的规定或者当事人的约定，享有连带权利的每个债权人，都有权要求债务人履行义务；负有连带义务的每个债务人，都负有清偿全部债务的义务，履行了义务的人，有权要求其他负有连带义务的人偿付他应当承担的份额。"

《民事诉讼法》第 132 条："必须共同进行诉讼的当事人没有参加诉讼的，人民法院应当通知其参加诉讼。"

36 保证期间是否可以中断？

典型事例

2007 年 1 月 25 日，甲与乙签订了 30 万元的借款合同，约定借期 12 个月。该笔债务由丙和丁分别提供连带责任保证，其中丙的担保份额为 10 万元，丁的担保份额为 20 万元；乙与丙的保证合同约定"丙应当承担保证责任至甲借款还清为止"；与丁未约定保证期间，借款到期后甲未能清偿借款本息。2008 年 2 月 15 日，乙向主债务人甲和保证人丁送达了催款通知，并于 2008 年 4 月 15 日再次签发了催款通知。但是，乙从未向丙催款。2010 年 2 月，乙起诉，要求甲还款，丙与丁承担连带保证责任。

法律分析

根据我国《担保法》及其解释的规定，保证期间的确定有三种情形：一是，当事人可以约定保证期间，但最长不得超过 2 年；二是，当事人未约定保证期间的，则适用 6 个月的法定期间；三是，保证合同中将保证期间约定为"直至借款还清为止"等内容的，则推定其保证期间为 2 年。本案中，丙的保证期间即应推定为 2 年；由于丁的保证合同中未约定保证期间，故应适用法定 6 个月的期间。同时，本案争议焦点在于保证期间与诉讼时效的法律适用。

当债权人向连带保证人在保证期间内主张保证债权时，从该权利主张到达保证人之日起有关约定或法定保证期间将被依法解除，即对各方当事人不再具有约束力。此后，债权人对保证人的债权请求权从第一次主张之日（不含）之次日起适用诉讼时效制度并开始计算 2 年的普通诉讼时效，即保证期间的法律功能转由普通诉讼时效来替代，这就是连带责任保证中"期间"与"时效"的转换。

本案中，当乙于 2009 年 2 月 15 日向保证人丁第一次主张权利时，此时丁公司的保证期间尚未届满（2009 年 7 月 24 日期满），故从 2009 年 2 月 16 日起，法定 6 个月的保证期间并不中断而是丧失了约束力，从次日起转换为起算 2 年的普通诉讼时效。因此，丁的保证责任不能免除。

丙的保证期间为 2 年，但是从主债务人还款期限届满（2010

年 1 月 24 日）之次日起算，即保证期间至 2010 年 1 月 24 日止，而乙在保证期间从未向丙公司主张过债权。因此，可以认定已过保证期限，丙可以免除保证责任。

从以上案例可以看出，保证期间不适用中断规则，这与诉讼时效不同；在连带责任保证中，保证期间与诉讼时效存在转换的问题。

法 律依据

《担保法》第 25 条第 1 款："一般保证的保证人与债权人未约定保证期间的，保证期间为主债务履行期届满之日起 6 个月。"

《担保法》第 26 条第 1 款："连带责任保证的保证人与债权人未约定保证期间的，债权人有权自主债务履行期届满之日起 6 个月内要求保证人承担保证责任。"

最高人民法院《关于适用〈中华人民共和国担保法〉若干问题的解释》第 32 条第 2 款："保证合同约定保证人承担保证责任直至主债务本息还清时为止等类似内容的，视为约定不明，保证期间为主债务履行期限届满之日起 2 年。"

37 以丈夫名义结账打欠条能否构成表见代理？

典 型事例

刘某与张某系夫妻关系。杨某于 2003 年 8 月购买一辆货车，雇佣刘某为驾驶员，从事货物运输，2006 年 5 月双方雇佣关系解除。2006 年 9 月 25 日，杨某到刘某家，要求对雇佣期间杨某委托刘某从客户处带回东西的运费进行结算。当时刘某在外打工，只有张某在家。双方经过结算，认为刘某共欠杨某 10 000 元。张某请邻居周某代写一张欠条："今欠杨某人民币壹万元整。"欠款人由张某签署刘某名字，周某以见证人的身份在欠条上签字。杨某当时承诺：刘某回来如有证据能推翻此欠条，照样认可。此后因刘某一直未回，也未付款，杨某遂诉至法院，要求刘某与张某还款。

法 律分析

债是按照合同的约定或者法律的规定，在当事人之间产生的特定的权利、义务关系。张某以刘某名义出具欠条的行为，属于无权代理行为，该行为因没有得到刘某的追认而无效，对刘某不产生约束力，未能产生合法的债权债务关系，刘某不承担此行为的责任。故杨某要求刘某承担还款责任的诉讼请求，不应支持。张某虽然实施了无权代理行为，但因不符合对第三人承担责任的条件，故杨某要求张某承担还款责任的请求，亦得不到法院的支持。

1. 张某的行为不符合表见代理的构成要件。根据法律规定，代理权的发生主要有以下四种情形：一是基于法律规定；二是基于有关机关指定；三是基于被代理人的授权；四是基于表见代理。本案情形显然不属上述第一、二种情形；对于第三种情形，杨某虽主张系张某主动称能代表刘某，但张、刘对此均予否认，因无正式的书面委托手续，杨某也未能就此提供证据予以证实，故其也不属于授权委托的情形。作为表见代理，其应当具备客观上足以使相对人相信行为人具有代理权，且相对人须为善意无过失。一般而言，妻子代表丈夫作出的意思表示可视为表见代理行为。但这应限于为夫妻家庭共同财产或为家庭重大生活事务所需而作出的表示，即夫妻双方均知情且均有处理权时，一方作出的表示可合理视为双方的共同意思，从而构成表见代理。

2. 张某的行为属于无权代理行为。本案中张某以刘某名义所作出的表示，是对刘某在受雇于他人时从事经营活动的有关事项做出的结论性意见。对该结论的来源依据，张某并不能全部知晓，对一些具体账目也无法做出正确判断，张某对此不具有处理权；除非有足够证据能使人相信张某取得了刘某的授权，否则张某无权对刘某的有关账目进行结算，更无权以其名义出具欠条。而且从杨某结算账目时的承诺"刘某回来后如有证据能推翻，照样认可"来看，亦可说明杨某知道张某并不能代表刘某结算账目。杨某未能提供证据证明，其有理由相信张某取得了刘某的授权。所以，张某的行为应属无权代理行为。

3. 张某实施无权代理行为，不符合对第三人承担责任的条件。作为无权代理，只有经过被代理人的追认，该代理行为才有效，被代理人才承担民事责任。未经追认的行为，由行为人承担民事责任。行为人承担民事责任的条件之一是第三人须为善意且无过失。所谓善意是指第三人应当不知行为人无代理权；所谓无过失是指第三人尽了一定的审查注意义务后，有理由相信行为人有代理权。虽然对张某所主张的欠条是在受胁迫的情况下所写，因缺乏证据而不能认定，但张某所处理的并非家庭生活事务，杨某应当知道其无权代理，且也未对张某是否具有代理权尽一定的审查义务，杨某对此并非善意而且存在过失。因此，张某的行为虽是无权代理行为，但并不具备对第三人承担责任的条件。

法律依据

《合同法》第48条："行为人没有代理权、超越代理权或者代理权终止后以被代理人名义订立的合同，未经被代理人追认，对被代理人不发生效力，由行为人承担责任。

相对人可以催告被代理人在一个月内予以追认。被代理人未作表示的，视为拒绝追认。合同被追认之前，善意相对人有撤销的权利。撤销应当以通知的方式作出。"

《合同法》第49条："行为人没有代理权、超越代理权或者代理权终止后以被代理人名义订立合同，相对人有理由相信行为人有代理权的，该代理行为有效。"

38 债务人放弃继承权，债权人可否行使撤销权？

典型事例

因吴女士向景某借款8万元未还，景某诉讼至法院。2008年11月，法院作出判决，确定吴女士在判决发生法律效力之日起30日内归还景某借款本金8万元。2009年3月，景某向法院申请强制执行，因吴女士无力偿还，该笔款项未能执行。

吴女士、吴女士之弟弟吴某均系吴太太的子女。吴太太在世时，以自己名义购得位于市区的住房一套，2010年1月5日，吴太太因病死亡。2010年4月13日，吴女士及弟弟吴某在某公证处办理吴太太的遗产继承公证。公证处出具公证书，吴太太所购房屋由吴某继承。吴女士将房屋属于自己的部分赠与吴某。且办理房屋产权过户给吴某。原告遂诉至法院，要求：确认吴女士放弃继承房屋遗产份额的行为无效。

法律分析

吴女士欠景某借款8万元未还的事实已被生效判决所确定，且其应在判决发生法律效力之日起30日内归还借款本金8万元，依据《民事诉讼法》第236条"发生法律效力的民事判决、裁定、当事人必须履行……"的规定，吴女士应履行该生效判决。

吴女士的母亲吴太太去世，吴女士作为法定继承人对吴太太的遗产享有继承的份额。吴女士在明知其尚欠景某借款8万元未还的情况下，放弃继承吴太太遗产导致其履行债务不能，客观上对景某的债权造成损害。《合同法》第74条第1款规定："因债务人放弃到期债权或者无偿转让财产，对债权人造成损害的，债权人可以请求人民法院撤销债务人的行为。债务人以明显不合理的低价转让财产，对债权人造成损害，并且受让人知道该情形的，债权人也可以请求人民法院撤销债务人的行为。"

景某以撤销权提起诉讼，符合行使撤销权的法定要件。撤销权的设立目的在于防止因债务人财产的不当减少造成债权的不能实现，因而撤销权的标的应为以财产为标的的民事行为。在本案中，吴女士能够取得法定继承人的资格，无疑是基于其特定的身份关系，但继承发生时，其放弃继承的行为直接指向的是财产权利，倘若因此而损害债权人的债权，债权人可以根据前述法律规定，行使撤销权。

吴女士在明知不能清偿债务的情况下放弃继承的财产，明显影响其清偿债务的能力，亦有悖于诚信原则，故景某要求确认吴女士放弃继承的行为无效的诉讼请求成立。根据最高人民法院《关于贯彻执行〈中华人民共和国继承法〉若干问题的意见》第46条"继承人因放弃继承权，致其不能履行法定义务的，放弃继承权的行为无效"的规定，吴女士放弃继承房屋的行为无效。

倘若，吴太太在生前有遗嘱，将该房屋的财产所有权明确给其儿子吴某，或者吴女士本人对吴太太有《继承法》第7条所规定的情形之一，即①"故意杀害被继承人的；②为争夺遗产而杀害其他继承人的；③遗弃被继承的，或者虐待被继承人情节严重的；④伪造、篡改或者销毁遗嘱，情节严重的"，才丧失继承权。

而在没有上述情况发生时，债权人可以行使撤销权（确认之诉）提起诉讼。

法津依据

《合同法》第74条第1款："因债务人放弃到期债权或者无偿转让财产，对债权人造成损害的，债权人可以请求人民法院撤销债务人的行为。债务人以明显不合理的低价转让财产，对债权人造成损害，并且受让人知道该情形的，债权人也可以请求人民法院撤销债务人的行为。"

最高人民法院《关于贯彻执行〈中华人民共和国继承法〉若干问题的意见》第46条："继承人因放弃继承权，致其不能履行法定义务的，放弃继承权的行为无效。"

39 借条与欠条有什么区别？

典型事例

被告李某系建湖冈西镇人，专门从事排水工程施工业务。去年8月，因承建工程需要资金，便向原告王某借款10万元。双方为此签订了一份借款协议，约定如果李某从事工程施工赚钱了，则10万元作为投资，在李某的净利益中分得45%；如果工程不赚钱，则10万元作为借款，年息20%。后因施工过程中出现意外，工程未能赢利，反而面临亏本的境地。10月10日，王某找到李某要求归还10万元借款，并且表示如果不立即还清借款，将对李某实施报复。迫于无奈，李某表示会尽快筹钱还清借款，并于当天向王某出具一份10万元的借条。之后，李某分两次分别归还王某3万元及4万元，共计7万元。2009年9月，王某以李某分别借款

10万元及30万元为由向建湖县人民法院起诉要求被告李某还款40万元。庭审中，王某分别向法庭提交了借条和欠条，其中欠条的内容为："欠条，今欠到王某人民币叁拾万元整。备注：此条执行按附页执行。2008年12月5日。"原被告双方对于10万元借款没有争议，但对于30万元的借款争议较大。李某否认30万元是借款，而王某除提交欠条以外，也未向法庭提交其他证据以佐证30万元借款事实。

法律分析

原告主张的10万元借款，因向法院提交了借条原件，并且被告对借款事实予以认可，10万元借款事实可以认定，其10万元的诉讼请求应当予以支持。考虑到李某已经归还了7万元，应当由李某再向王某偿还3万元借款。而原告主张的30万元借款，虽然其向法院提交了欠条，但被告否认借款事实存在，王某应当继续举出其他证据印证"欠条"即为"借条"，但原告在庭审中未提供证据证明欠条形成的事实及资金来源，即原告在本案中并未完成他对自己诉讼请求应承担的全部举证义务。且从欠条形成的时间来看，此时被告尚未还清10万元借款，原告在这种情况再次向被告借出30万元巨款不合情理，难以形成证据锁链，故该欠条不能直接证明借款30万元的事实，达不到证明王某主张的借款关系成立的目的。另外，即使认为借款关系成立，但欠条中加注"此条执行按附页执行"，也应当认定该借款关系系一种附条件的法律行为，而原告在规定的举证期限内并未向法庭提交附页原件（因附页和欠条为一体，并且由原告持有，故应由原告向法庭出示附页原件），应当视为所附条件未成就。最终，建湖县人民法院判决李某于判决生效五日内向王某偿还借款3万元，并驳回了原告的其他诉讼请求。

在日常经济生活中，经常发生借贷关系。这种时候，当事人要么打欠条，要么选择出具借条。但很少有人知道，欠条和借条在法律上的区别。事实上，应当注意区分欠条与借条。虽然两者都是债权凭证，但在法律上存在显著差异，不能混用。两者的区别主要表现为：

首先，借条一般反映为法律上的借款合同关系，是借款合同的凭证；而欠条则往往是当事人之间的一个结算，是一种比较纯粹的债权债务关系。借条持有人一般只需向法官简单地陈述借款的事实经过即可；欠条持有人必须向法官陈述欠条形成的事实。如果对方否认、抗辩，欠条持有人必须进一步举证证明欠条形成的事实。

其次，欠条属于债权凭证，要受到诉讼时效的限制，如果没有约定具体还款日期，要在欠条开具日起两年内主张权利，否则就丧失了胜诉的权利。最高人民法院《关于债务人在约定期限届满后未履行债务，而出具没有还款期限的欠条诉讼期间应从何时开始计算问题的批复》中指出，需方收货后因无钱可付，经双方同意写了没有还款期限的欠条。根据《中华人民共和国民法通则》第140条的规定，对此应认定诉讼时效中断。如果供方在诉讼时效期间一直未主张权利，诉讼时效期间则应从供方收到需方所写欠条之日的第二天开始重新计算。而借条则属于合同的范畴，如果没有约定还款期限，诉讼时效最长为20年。

本案中，法院之所以对原告所持欠条的债权未予保护，主要原因在于，欠条的证明力弱于借条，当案件当事人以欠条作为诉讼的证据时，不能像借条那样，直接证明债权的存在，如果遇到另一方否认，原告往往还必须举出其他证据来对欠条的内容进行证据补强。而在本案中，原告未能提供证据证明欠条形成的事实及资金来源，以完成对欠条内容进行证据补强的义务，因此只能承担败诉的结果。

法 律依据

最高人民法院《关于债务人在约定期限届满后未履行债务，而出具没有还款期限的欠条诉讼期间应从何时开始计算问题的批复》："需方收货后因无款可付，经供方同意写了没有还款日期的欠款条。根据《中华人民共和国民法通则》第 140 条的规定，对此应认定诉讼时效中断。如果供方在诉讼时效中断后一直未主张权利，诉讼时效期间则应从供方收到需方所写欠条之日的第二天开始重新计算。"

40 夫妻离婚，经过法院调解后的债务分配裁决是否能对抗善意第三人？

典 型事例

丈夫甲某和妻子乙某因感情不和诉讼离婚，经法院调解，对共同财产和债务进行分割，其中数额较大的一笔银行贷款由甲负责偿还。但此后甲并未如期履行偿还银行贷款的义务，银行遂向法院提起诉讼，将甲、乙一并列为被告，要求偿还贷款本金及利息。乙某不服，认为法院的调解书已确定银行贷款由甲偿还，自己没有还款义务。那么，本案中乙是否有义务偿还该银行贷款呢？

法 律分析

本案的焦点是夫妻离婚后，经过法院调解后的债务分配裁决能否对抗善意第三人？

甲乙双方的离婚不影响对银行的贷款偿还，对夫妻存续期间的债务，双方的约定不能成为逃避债务的借口。故妻子乙某也有偿还银行贷款的义务。

最高人民法院《关于适用〈中华人民共和国婚姻法〉若干问题的解释（二）》明确规定，债权人就婚姻关系存续期间夫妻一方以个人名义所负债务主张权利的，应当按夫妻共同债务处理。但夫妻一方能够证明债权人与债务人明确约定为个人债务，或者能够证明属于《婚姻法》第19条第3款规定情形的除外。正是这样的解释，会给当事人钻空子的机会，以离婚来规避债务或者以伪造债务的方式来隐匿财产，使债权人利益难以实现。

本案中，原告可以向法院提起诉讼，将已离婚的夫妻二人列为共同被告。对此，我国《婚姻法》规定，夫妻对婚姻关系存续期间所得的财产约定归各自所有的，夫或妻一方对外所负的债务，第三人知道该约定的，以夫或妻一方所有的财产清偿。银行作为金融机构，对借贷者夫妻双方的婚姻情况并不记载在案，对夫妻双方关于偿还债务的约定更是无从知晓。

所以，在该起离婚纠纷中，我们根据上述规定可以得知，夫妻二人向银行的借贷债务，是甲和乙在婚姻存续期间的债务，而且没有证据证明是个人债务或约定为财产归各自所有。因此，银行向乙所主张的债权，对于乙来说，应为夫妻共同债务，应由夫妻共同来偿还。

法津依据

最高人民法院《关于适用〈中华人民共和国婚姻法〉若干问题的解释（二）》第24条："债权人就婚姻关系存续期间夫妻一方以个人名义所负债务主张权利的，应当按夫妻共同债务处理。但夫妻一方能够证明债权人与债务人明确约定为个人债务，或者能够证明属于《婚姻法》第19条第3款规定情形的除外。"

《婚姻法》第 19 条第 3 款："夫妻对婚姻关系存续期间所得的财产约定归各自所有的，夫或妻一方对外所负的债务，第三人知道该约定的，以夫或妻一方所有的财产清偿。"

41 逼人写下欠条是否有效？

典型事例

2007 年 10 月初，李某、杨某协商共同经营煤炭生意，口头约定，由杨某出资，李某负责经营，扣除李某经营开支后，所得利润按李某四成、杨某六成的比例进行分配，经营期间风险按比例承担。随后，杨某分两次付给李某经营资金 16.9 万元。至 2008 年 6 月终止经营期间，李某除付给杨某大部分本金和利润外，因商家尚有 8 万多元煤炭货款没有给李某结清，余款一直未与杨某进行结算。

2009 年 10 月 25 日，李某与客户在石门茶楼谈业务，杨某邀请具有前科的刘某来到该茶楼，把李某叫到另一卡座内要求算账。李某因记账日记本没有带来，要回去拿日记本后再算。杨某不予准许，威胁说："今天要么就给 7 万块钱，要么就打条子，不然我就叫我的几十个弟兄来"。随同的刘某也威胁道："黄祥辉是我的师傅，投资十几万元钱有这么长的时间了，算息的话要几十万。"加之杨某在事前曾多次发短信威胁李某，扬言要杀李某，李某只好按杨某的意思给写了一张 5 万元的欠条，并按杨某和刘某的要求写上还款日期才作罢。事后，李某随即到石门县公安局宝峰派出所就上述情况报了案。

法津分析

该案争议的焦点在于，李某给杨某出具的5万元欠条，是否为受胁迫所致。在李某给杨某出具欠条前，杨某多次发具有威胁意思的短信给李某，对李某进行恐吓，扬言要杀死李某；2009年10月25日，杨某邀请具有前科的刘某一同来到石门茶楼，要求李某给钱，没有钱打欠条，不然杨某就叫外面几十个弟兄来揍死李某，李某出于对刘某和外面还有杨某的几十个弟兄的惧怕，迫于无奈给杨某出具了5万元欠条一份。按正当的结账程序，双方应当将资金的收付、成本支出、往来账款、应收未收账目罗列清楚，并留有结账依据。而杨某未提供相关证据来对抗，结合本案查明的事实，李某、杨某共同经营期间，尚有8万多元的煤炭货款未收回，双方应当对该应收款做出协商处理。因此，李某给杨某出具的5万元欠条，不是其真实意思表示，是受杨某胁迫所致。

依据《民法通则》的规定，一方以欺诈、胁迫的手段或者乘人之危，使对方在违背真实意思的情况下所为的民事行为无效。因此，对于李某要求确认2009年10月25日给杨某所出具的5万元欠条无效的请求，有事实和法律依据，应该支持。对于李某、杨某共同经营期间所产生的债权、债务，可通过协商解决，协商不成时，应通过诉讼等正当途径处理。

法津依据

《民法通则》第58条"下列民事行为无效：

（一）无民事行为能力人实施的；

（二）限制民事行为能力人依法不能独立实施的；

（三）一方以欺诈、胁迫的手段或者乘人之危，使对方在违背真实意思的情况下所为的；

（四）恶意串通，损害国家、集体或者第三人利益的；

（五）违反法律或者社会公共利益的；

（六）以合法形式掩盖非法目的的。

无效的民事行为，从行为开始起就没有法律约束力。"

42 债权未到期可以到法院起诉吗？

典型事例

被告甲某分别于 2003 年 2 月、2004 年 8 月、2004 年 9 月三次向原告乙某借款 7 000 元、8 000 元、6 000 元（合计 21 000 元），利息约定分别为 110 元/月、120 元/月、240 元/月。2007 年 9 月 27 日，原告收到被告支付的 2007 年 2 月至 9 月利息 3 000 元。同年 12 月 28 日，原、被告双方就余下的本金及利息达成还款协议，约定被告甲某在三年内付清借款 2.3 万元，其中 2008 年 2 月 28 日给付 7 000 元，其余借款在 2009 年至 2010 年期间付清（利息不再给付）。协议签订后，被告甲某于 2008 年 11 月 5 日偿还原告乙某借款 6 000 元，其余未付。2009 年 3 月 2 日，原告乙某向攀枝花市仁和区人民法院提起诉讼，要求被告甲某偿还借款本息 47 880 元，并承担本案诉讼费。

经审理，法院作出判决：被告甲某于判决生效后十日内偿还原告乙某借款本金 1 000 元；驳回原告乙某的其他诉讼请求。

法律分析

本案中，被告甲某向原告乙某借钱并出具借条，双方之间的民间借贷合同关系成立。《合同法》第 8 条第 1 款规定："依法成立的合同，对当事人具有法律约束力。当事人应当按照约定履行自己的义务，不得擅自变更或者解除合同。"因此作为借款人的被告甲某，负有按照约定偿还借款的义务。但原、被告双方后来又另行订立了补充协议，明确约定了本金及利息的还款期限和方式。《合同法》第77条第1款规定："当事人协商一致，可以变更合同。"双方签订的补充协议，是原、被告双方在协商一致的基础上订立的，是双方真实意思的表示，也是双方对原借条内容的变更，因此，原、被告双方应当按照变更后的协议内容履行各自的义务。

《合同法》第206条规定："借款人应当按照约定的期限返还借款。对借款期限没有约定或者约定不明确，依照本法第六十一条的规定仍不能确定的，借款人可以随时返还；贷款人可以催告借款人在合理期限内返还。"这一规定明确了借贷双方对还款期限有约定的，应当按照约定的期限履行，贷款人不得随意要求借款人在履行期限届满前偿还借款，除非借款人同意；如约定的履行期限未届满，贷款人要求偿还的，借款人可以拒绝偿还。本案中，按照双方的约定，被告应于2008年2月28日偿还原告借款7 000元，而偿还余款的期限为2010年。被告甲某在2008年11月5日归还了6 000元，原告主张的已到期的应还款额实际上仅为1 000元，其余大部分借款，履行期限还未届满，且被告不同意提前还款。因此，被告甲某仅应承担偿还原告乙某借款1 000元的责任。原告要求偿还其他借款的请求，因还款期限未到，法院将不予支持。综上所述，法院做出了前述的判决结果。

在借贷纠纷中，合同当事人对借款事宜有约定的，应当按照约定享受权利、履行义务。不按约定行事，可能给自己带来不必要的损失，就如本案中的原告，大部分诉讼请求不能得到支持，花费了不必要的诉讼成本。

法律依据

《合同法》第 8 条第 1 款："依法成立的合同，对当事人具有法律约束力。当事人应当按照约定履行自己的义务，不得擅自变更或者解除合同。"

《合同法》第 77 条第 1 款："当事人协商一致，可以变更合同。"

《合同法》第 206 条："借款人应当按照约定的期限返还借款。对借款期限没有约定或者约定不明确，依照本法第六十一条的规定仍不能确定的，借款人可以随时返还；贷款人可以催告借款人在合理期限内返还。"

43 违法之债能否认定为夫妻共同债务？

典型事例

2010 年 10 月，张某隐瞒自己的妻子向刘某借货车去外地骗取货物，张某因骗货行为被劳动教养三年，货车则被公安机关扣押，车主刘某支付 5 万元用于赎回车辆。张某劳改释放后，刘某要求张某赔偿 5 万元，张某向刘某出具一张 5 万元的借条。后张某拒不返还该 5 万元，刘某向法院起诉要求张某还款，法院判决支持刘某的诉求。判决生效后，刘某向法院申请强制执行，可否追加张某妻子作为共同被执行人？

法律分析

1. 夫妻共同债务是指在婚姻关系存续期间，夫妻双方或一方为满足夫妻共同生活需要所负的债务。主要是基于夫妻共同生活需要，以及对共同财产的管理、使用、收益和处分而产生的债务。《婚姻法》第41条规定，离婚时，原为夫妻共同生活所负的债务，应当共同偿还。最高人民法院《关于适用〈中华人民共和国婚姻法〉若干问题的解释（二）》第24条规定："债权人就婚姻关系存续期间夫妻一方以个人名义所负债务主张权利的，应按夫妻共同债务处理。但夫妻一方能够证明债权人与债务人明确约定为个人债务，或者能够证明属于婚姻法第十九条第三款规定的除外。"此规定基本明确了在婚姻关系存续期间所产生的债务处理原则。

2. 判断夫妻共同债务与个人债务主要有以下两个标准：①夫妻有无共同举债的合意；②夫妻是否分享了债务所带来的利益。如夫妻一方从事生产、经营等活动或夫妻一方因行使了家事代理所负的债务，都是夫妻共同债务。如因打架斗殴或其他犯罪行为形成的债务，该债务并不是为维持夫妻共同生产和生活而形成的必要的支出和投入，因而不符合夫妻共同债务的特征。

3. 夫妻共同债务应是合法行为导致的正当债务。夫妻共同债务主要包括：①抚养子女、赡养老人所负的债务；②购置日常生活用品所负的债务；③夫妻一方或双方或子女或老人治疗疾病所负的债务；④夫妻双方共同从事个体经营，对他人所负的债务；⑤婚前一方借款购置的房屋等财物转化为夫妻共同财产的，为购置财物借款所负的债务；⑥夫妻双方或一方因继承取得的财产属夫妻共同财产，同时因继承所分得的债务也属共同债务。可见，违法行为产生的债务并不在夫妻共同债务之列。因违法行为而产生的债务也应是个人债务，与夫妻另一方无关。

本案中，张某的债务虽然是在夫妻关系存续期间产生的，但张某的妻子对张某借货车出去骗货的行为并不知情，可知张某的妻子并无共同举债的合意，且债务是由于张某的违法行为产生的，明显超出了"为夫妻共同生活"和"家庭日常生活需要"的合理范畴，故不宜认定为夫妻共同债务，而应认定为张某个人债务，不应追加张某妻子为共同被执行人。

法律依据

《婚姻法》第 41 条："离婚时，原为夫妻共同生活所负的债务，应当共同偿还。共同财产不足清偿的，或财产归各自所有的，由双方协议清偿；协议不成时，由人民法院判决。"

最高人民法院《关于适用〈中华人民共和国婚姻法〉若干问题的解释（二）》第 24 条："债权人就婚姻关系存续期间夫妻一方以个人名义所负债务主张权利的，应按夫妻共同债务处理。但夫妻一方能够证明债权人与债务人明确约定为个人债务，或者能够证明属于婚姻法第十九条第三款规定的除外。"

44 谁对欠款的由来负举证责任？

典型事例

原告王某之女小王与被告杨某系恋人，曾订立婚约。2013 年 5 月，双方因故解除婚约，并因此发生打斗，被告杨某被公安局拘留 15 日。同年 7 月 3 日，原告王某持欠条一张诉至法院要求被告杨某立即偿付欠款 100 000 元（其中包含借款本金 70 000 元和合伙经营利润 30 000 元）。该欠条内容为："欠条，杨某欠王某 10 万元整，大写拾万元整，口说无凭，立字为证。2013 年 2 月 24 日杨某书"。关于案涉欠条的形成过程，原告王某前后陈述矛盾，原告解释为因欠款事由多种且发生在 2011 年至今，故记忆不清。被告杨某认可欠条系其出具，但主张"双方并不存在真实的债权债务关系，被告与小王曾为了相互提供保障而相互出具 100 000 元的欠条，而小王向被告出具的欠条早已被小王偷回"，并提交其与小王 2013 年 3 月 24 日的通话录音一份。

法律分析

1. 判断债权真实合法需要综合考虑多种因素。判断债权债务关系是否真实，应当根据现金交付的金额大小、出借人的支付能力、当地或者当事人之间的交易方式、交易习惯及借贷双方的亲疏关系等诸因素，结合当事人本人的陈述和庭审言辞辩论情况及提供的其他间接证据来判断。

本案中，原告王某虽然提供了被告杨某出具的欠条，但关于欠款数额的构成、缘由的陈述前后矛盾。在被告杨某与原告王某之女小王的通话中，被告杨某提及"小王让其给原告王某出具欠条，而取走小王向其出具的欠条"，而小王未予反驳。同时，单纯的债权债务关系中，欠条一般无须记明"口说无凭，立字为证"等保证性质的语句；相反，案涉欠条中"口说无凭，立字为证"的字句，与被告杨某关于案涉欠条是为向小王提供忠诚保证而出具的主张，在语言环境、习惯方面具有一致性。据上，可以认定案涉欠条系被告杨某为与原告之女小王相互提供忠诚保证而出具。综上，因原、被告之间既未发生真实的借贷行为，亦不存在真实的债权债务关系，故原告王某要求被告杨某偿付 100 000 元欠款的诉讼请求，不应当支持。

2. 欠条与借条不同。借条是在借贷关系中由债务人向债权人出具的表明债权债务关系的书面凭证，直接载明了借贷的事实，债权人一般无须对借贷事实进一步举证。但是欠条不同，持有欠条的债权人，有义务说明形成原因、过程，在债务人否认欠款的事实时，债权人对欠款事实负有进一步的举证责任。

本案中，被告否认欠款事实，并提出证据证明欠款事实存疑时，原告王某有义务进一步举证，提出曾向被告杨某出借款项的证据或双方散伙结算的证据，否则就应承担不利后果。而显然王某不能提供任何证据，所以单凭案涉欠条不足以证实双方借贷的事实与因散伙发生的债权债务，故其诉讼请求不应被支持。

法 律依据

《民事诉讼法》第64条第1款："当事人对自己提出的主张，有责任提供证据。"

45 借款合同中利息与违约金能否同时获支持？

典 型事例

2012年12月10日，赵某向崔某借款10万元，双方于同日签订借款协议一份，约定借款期限为三个月（自2012年12月10日至2013年3月10日），利息按月利率3%计算，每月10日之前支付；若被告不能按约定的还款期限及时还款，还应按3%的利率支付利息直至实际付款之日止。协议同时约定，若赵某违反上述约定未及时还款，除支付上述约定利息外，还应支付违约金50 000元。之后，赵某仅按照约定支付了两个月利息，虽经原告多次催讨，本金和最后一个月的利息尚未支付。双方协商不成，崔某于2013年4月13日将赵某起诉至法院，请求：判决被告立即归还借款100 000元及支付自2013年2月10日至实际还款之日止的利息；支付因未按期还款而产生的违约金50 000元。赵某在庭审中表示，其愿意返还本金，但双方约定的利率过高，仅同意按国家同期银行贷款利率支付利息；同时，约定的利息已经远高于国家法律规定保护的范围，支付了利息就不同意再行支付违约金；即使应该支付，违约金的约定也过高，应给予适当减少。

法 律分析

根据损失补偿原则，要求被告按法定较高利率向原告支付利息已经能够补偿原告因被告逾期还款而产生的损失，因而在已经支持原告利息请求的基础上，对被告的违约金请求不再予以保护。

1. 违约金，是指法律规定或当事人在合同中约定，一方当事人违约时应根据违约情况向对方支付一定数额的违约金。《合同法》规定，若约定的违约金低于或过分高于造成的实际损失，当事人可以向法院或仲裁机构请求对违约金数额进行增减。同时，最高人民法院《关于适用〈中华人民共和国合同法〉若干问题的解释（二）》第29条规定，当事人主张约定的违约金过高请求予以适当减少的，人民法院应当以实际损失为基础，兼顾合同的履行情况、当事人的过错程度以及预期利益等综合因素，根据公平原则和诚实信用原则予以衡量，并作出裁决，允许债务人以造成的损失为基础请求法院对约定的违约金进行增减。这一条款更明确要求案件审判中应将违约金同损害赔偿联系起来，应当以当事人的实际损失为基础来衡量是否支持违约金条款。

2. 在借款协议中约定违约金，主要是为了约束借款人及时还款，以防止因不按时还款，给债权人造成其他的损失。而在该案中，借款协议同时约定了违约金和较高的利息，事实上被告按照银行同期同类贷款利率的四倍向原告支付自借款期限届满之日起至本判决确定的还款之日止的利息（即逾期付款利息），已经能够补偿原告因被告未按期还款所产生的实际损失。

本案中，双方在借款协议中明确约定双方借款期间按月利率3%支付利息，并约定若被告赵某不能在借款期限届满后及时还款，则仍应按月利率3%向原告支付至实际还款之日止的利息，基

115

于尊重双方意思自治原则，对原告要求被告支付自 2013 年 2 月 10 日起至本判决确定的还款之日止的利息予以支持。但双方约定的借款月利率 3% 已经高于银行同期同类贷款利率的四倍，对超出国家法律规定的部分不应支持；对原告主张的违约金，因原告没有证据证明其因被告未及时还款而产生其他直接损失，根据损失补偿原则，在已经支持原告要求较高利息的基础上，对原告要求被告支付违约金的诉讼请求，亦不应支持。

法律分析

《合同法》第 114 条第 2 款："约定的违约金低于造成的损失的，当事人可以请求人民法院或者仲裁机构予以增加。约定的违约金过分高于造成的损失的，当事人可以请求人民法院或者仲裁机构予以适当减少。"

46 未约定担保方式保证人需要承担什么责任？

典型事例

2010 年 5 月 20 日，被告姜先生（安徽省全椒县某镇农民）到安徽省滁州市扬子农机公司全椒分公司购买农机（型号 HF608），该农机单价为 247 000 元，扣除国家政策性补贴 40 000 元及让利 2 000 元后，实际应付 205 000 元，被告姜先生支付了 100 000 元，下欠 105 000 元，经被告吴先生（安徽省全椒县某镇退休教师）担保从原告王女士（安徽省滁州市某企业职工）处借款，被告姜先生、吴先生作为借款人和担保人分别在原告提供的格式借条上签名并按手印，借条内容为："今借到王女士现金壹拾万零伍仟元，月息 5.5‰，定于 2010 年 9 月 30 日前还款肆万元，余款及利息

69 225元在2010年12月30日前付清。若逾期不还，自借款之日起按1.2%月息支付利息。借款人姜先生，担保人吴先生，借款日期2010年5月20日"。后因被告姜先生下落不明，2012年6月1日，被告吴先生作为担保人在原告提供的一份对账函上再次签名并按手印，对账函内容为："姜先生借王女士现金壹拾万零伍仟元整，截至2012年5月30日未归还任何借款。担保人吴先生"。因原告多次催要借款本息未果，故起诉要求两被告连带归还借款本金105 000元；并自借款之日起按1.2%月利率计息至2012年6月1日，之后的利息原告自愿放弃。

法律分析

本案争议的焦点在于被告吴先生是否应该承担责任；被告吴先生为被告姜先生担保借款，未约定适用哪种担保方式。

债务的担保方式分为保证、抵押、质押、留置和定金几种，其中保证是指保证人和债权人约定，当债务人不履行债务时，保证人按照约定履行债务或者承担责任的行为。保证责任的承担方式有两种：一种是一般保证，即当事人在保证合同中约定，债务人不能履行债务时，则保证人承担保证责任；一种是连带责任保证，即当事人在保证合同中约定保证人与债务人对债务承担连带责任。保证人以何种方式承担保证责任，一般在保证合同中明确约定；如果没有约定或约定不明确的，保证人应承担何种保证责任，这在长期的司法实践中，一直采取推定为保证人承担连带保证责任以保证债权的顺利实现。《担保法》规定，当事人对保证方式没有约定或者约定不明确的，按照连带责任保证承担保证责任。这样的法律规定，实际是加大了保证人的保证责任，有利于保护债权人的利益。

《民法通则》规定，保证人履行债务后，有权向债务人追偿。

《担保法》也规定，保证人承担保证责任后，有权向债务人追偿。保证人的追偿权指的是保证人在承担保证责任后，可以向主债务人请求偿还的权利。无论是一般保证还是连带保证，如果保证人承担了保证责任，都有权向主债务人追偿。也就是说，本案吴先生承担还款责任后，可以要求债务人姜先生归还。

本案中，合法的借贷关系应当受到法律保护。被告姜先生因购买农机从原告王女士处借款 105 000 元，被告吴先生自愿签名担保，原、被告之间的借贷关系及担保事实明确，有两被告签名的借条及对账函附卷佐证，予以确认。原告王女士与被告吴先生虽未约定保证方式，根据《担保法》第 19 条的规定，当事人对保证方式没有约定或者约定不明确的，按照连带责任保证承担保证责任，故被告吴先生应当对本案的借款本息承担连带责任保证。原、被告约定借款月息 5.5‰，若逾期不还，自借款之日起按 1.2% 月息支付利息，该约定不违反法律规定，故原告起诉要求两被告连带归还借款本金 105 000 元，并自借款之日起按 1.2% 月利率计息至 2012 年 6 月 1 日，之后的利息自愿放弃，法院应予以支持。

法律依据

《担保法》第 19 条："当事人对保证方式没有约定或者约定不明确的，按照连带责任保证承担保证责任。"

《民法通则》第 89 条第 1 项："保证人向债权人保证债务人履行债务，债务人不履行债务的，按照约定由保证人履行或承担连带责任；保证人履行债务后，有权向债务人追偿。"

47 夫妻共同债务与个人债务如何认定?

典 型事例

张某与王某原是夫妻。2000年,张某与王某就夫妻财产问题签订了《协议》,约定婚姻关系存续期间夫妻间的财产实行分别所有制,王某发生的借款行为均属个人行为,夫妻各方自己所负之债为夫妻个人债务。2006年2月28日,吕某借给王某人民币10万元。为此,王某向吕某出具《借条》一张。该借条约定:"借款期限为三个月,利息为10万元,到期(2006年5月28日)王某应连本带息共计人民币20万元支付给吕某;2006年5月28日准时还吕某,如超过一天吕某可打电话到家里来。"2006年7月张某与王某协议离婚。吕某于2008年5月将王某与张某一起诉至法院。吕某向法院仅提供《借条》一份,认为该债务是王某与张某婚姻关系存续期间的债务,应为王某与张某的共同债务,张某应承担共同偿还的义务。而张某则向法院举证提供夫妻关系存续期间的财产约定《协议》、《离婚协议书》、张某为女儿交纳的学杂费发票、王某的情况说明、吕某与王某的谈话录音笔录等,证实该借款是在其毫不知情的情况下,吕某和王某瞒着张某达成的借款协议,且该债务并未用于交纳他们女儿的学杂费,应为王某的个人债务,而不是夫妻共同债务。

法 津分析

王某向吕某借款10万元时,张某并不知情,并无共同举债之合意。吕某也没有提交证据证明王某借款后,将该款用于家庭共同生活或张某分享了该债务所带来的利益,故本案债务属王某个人债务,应由王某承担清偿责任,张某对该债务不承担清偿责任。

王某与吕某约定归还本息人民币 20 万元不符合法律规定，依法应按银行同期同类贷款利率的四倍计算。

《婚姻法》规定，离婚时，原为夫妻共同生活所负的债务，应当共同偿还。最高人民法院《关于人民法院审理离婚案件处理财产分割问题的若干具体意见》第 17 条第 1 款规定："夫妻为共同生活或为履行抚养、赡养义务等所负债务，应认定为夫妻共同债务，离婚时应当以夫妻共同财产清偿。""为夫妻共同生活"是夫妻共同债务的本质特征，也是区分夫妻共同债务与个人债务的依据。夫妻共同债务应当具有以下几个特征：①举债时间是婚姻关系存续期间；②夫妻双方具有共同举债的合意；如果夫妻事先或事后均无共同举债的合意，但夫妻双方共同分享债务所带来的利益除外；③举债的目的是夫妻共同生活或从事合法经营活动；④夫妻双方对共同债务互负连带清偿责任，这种责任不因夫妻双方协议约定、人民法院的判决书、裁定书、调解书对债务清偿的分担认定等而消灭，债权人有权向夫妻双方主张债权；一方就共同债务承担连带清偿责任后，可以基于离婚协议或者人民法院的法律文书向另一方主张追偿。最高人民法院《关于人民法院审理离婚案件处理财产分割问题的若干具体意见》第 17 条第 2 款规定："下列债务不能认定为夫妻共同债务，应由一方以个人财产清偿：①夫妻双方约定由个人负担的债务，但以逃避债务为目的的除外。②一方未经对方同意，擅自资助与其没有抚养义务的亲朋所负的债务。③一方未经对方同意，独自筹资从事经营活动，其收入确未用于共同生活所负的债务。④其他应由个人承担的债务。"根据上述法律规定和司法解释的精神，确定婚姻关系存续期间的债务系夫妻个人债务还是共同债务，有两个基本的判断标准：一是夫妻有无共同举债的合意；二是夫妻是否分享了该债务所带来的利益。夫妻共同债务是指在婚姻关系存续期间，夫妻双方或一方为维持共同生活的需要，或出于为共同生活的目的从事经营活动所引起的债务。夫妻个人债务是指夫妻约定为个人负担的债务或者一方从事与家庭共同生活无关的事务所产生的债务。

上述案例中，首先，王某向吕某的借款是在张某毫不知情的情况下所为，且该借款没有用于家庭共同生活。其次，王某明确告知了吕某，王某与张某在婚姻关系存续期间的财产实行分别所有制的约定，若一方发生借款均为个人行为。同时，王某在向吕某借款时，叫吕某不要告诉张某向其借款一事，若超过借款期限才可打电话到家里来。再次，2006年7月21日王某与张某的《离婚协议》中明确约定：近几年王某在外借款时，从未与张某商量，借钱用途也不知情，王某在外借钱没有用于家庭，所借资金去向不明，且至今不告诉张某真实情况。因此，王某在外借钱的责任全部由其承担并负责处理，与张某无关。最后，吕某诉称王某与张某商定因其女儿在学校上学急需解决学费向吕某借款的问题。王某向吕某借款时间为2006年2月28日，并且规定在三个月后就要归还，但张某已于2005年8月26日就已交纳了2005年至2006年的全部学杂费。根据"谁主张，谁举证"的证据规则，吕某有责任对王某的借款用途和该款项的走向提供证据加以证明。

最高人民法院《关于适用〈中华人民共和国婚姻法〉若干问题的解释（二）》第24条规定："债权人就婚姻关系存续期间夫妻一方以个人名义所负债务主张权利的，应当按夫妻共同债务处理。但夫妻一方能够证明债权人与债务人明确约定为个人债务，或者能够证明属于婚姻法第十九条第三款规定情形的除外。"依照法律和相关的司法解释规定以及本案的事实、证据，可知该借款并未用于家庭共同生活，更不是吕某所诉称的为了交纳女儿的学费。张某与王某无共同举债的合意，张某也未分享该债务所带来的利益，应属王某的个人债务。若认定该借款系夫妻共同债务并由债务人配偶承担连带责任，既超出了一个公民的防范能力，也与社会的善良风俗以及民法的公平原则相悖。同时，根据权利和义务一致性的原则，对于未参与交易的债务人配偶而言，债务承担是一种负担行为，在债务人配偶未享有利益的情况下由其承担还款责任，显然是不公平的。

法律依据

《婚姻法》第41条："离婚时，原为夫妻共同生活所负的债务，应当共同偿还。共同财产不足清偿的，或财产归各自所有的，由双方协议清偿；协议不成时，由人民法院判决。"

最高人民法院《关于适用〈中华人民共和国婚姻法〉若干问题的解释（二）》第24条："债权人就婚姻关系存续期间夫妻一方以个人名义所负债务主张权利的，应当按夫妻共同债务处理。但夫妻一方能够证明债权人与债务人明确约定为个人债务，或者能够证明属于婚姻法第十九条第三款规定情形的除外。"

最高人民法院《关于人民法院审理离婚案件处理财产分割问题的若干具体意见》第17条第1款："夫妻为共同生活或为履行抚养、赡养义务等所负债务，应认定为夫妻共同债务，离婚时应当以夫妻共同财产清偿。"

48 民间借贷能否保护复利？

典型事例

2007年12月1日，陆某向杨某某立据借款10万元，约定借款使用期限为10个月，月息2%。2008年10月1日借款到期后，债务人陆某没有履行还款义务，杨某某找到陆某结算，经结算陆某向杨某某出具欠条一张，注明："今欠到借款本金10万元，利息2万元，合计12万元，2008年10月30日前还清"。逾期后陆某仍未归还，杨某某遂于2009年4月6日向法院提起诉讼，要求债务人陆某给付欠款12万元，及以12万元为本金，按照同期银行贷款利率从2008年10月31日开始，计算至实际履行之日的利息。

法律分析

1. 何谓"复利"。通过网络搜索，维基百科所给的搜索结果是：复利（英文：Compound interest），是一种计算利息的方法。按照这种方法，利息除了会根据本金计算外，新得到的利息同样可以生息，因此俗称"利滚利"或"利叠利"。只要计算利息的周期越密，财富增长越快，而随着年期越长，复息效应亦会越为明显。笔者认为，通常而言，复利是指出借人将借款人到期应付而未付的利息计入本金，以借款数额与借款人应付而未付的利息数额之和为本金再计算利息，以此类推至出借人向人民法院起诉时得出的利息数额。

2. 有关复利问题的立法现状。就处理民间借贷中的复利问题，只有最高人民法院的两个司法解释做出了规定。然而这两个司法解释在表述的文本上是不统一的，最高人民法院《关于贯彻执行〈中华人民共和国民法通则〉若干问题的意见（试行）》第125条规定："公民之间的借贷，出借人将利息计入本金计算复利的，不予保护"；而《最高人民法院关于人民法院审理借贷案件的若干意见》第7条规定："出借人不得将利息计入本金谋取高利。审理中发现债权人将利息计入本金计算复利的，其利率超出第六条规定的限度时，超出部分的利息不予保护。"根据法律适用原则，同一制定机关制定的司法解释，应适用新法优于旧法的原则。比较上述两个司法解释的出台时间，在处理民间借贷中的复利问题上应适用 1991 年 8 月 13 日颁布的最高人民法院《关于人民法院审理借贷案件的若干意见》第 7 条的规定。

3. 民间借贷中复利应予适当保护。实践中，如何理解最高人民法院《关于人民法院审理借贷案件的若干意见》第 7 条的规定，是适用该司法解释的一个瓶颈。一种观点认为，如果并非牟取高利，就可以将利息计入本金，计入本金后的利率未超出第 6 条规定的限度就应当保护。这种观点是以含有利息的本金作为计算利率的本金，把含有复利的利率作为衡量是否高利的标准。另一种观点认为，从该条款的文义上分析，将利息计入本金是法律的禁止性规定。因此遇有计算复利的，一律对复利部分不予支持。第三种观点认为，从该条款的立法本意和条文文义分析，对复利是持一种适当保护的观点，即允许适当计算复利，但超过该司法解释第 6 条规定的限度时，超出部分的利息不予保护。

在民间借贷纠纷中，当事人就复利问题做出约定的，至债权人起诉时产生的利息总金额不超出法定利息的四倍时，可以予以保护；超出法定利息四倍的部分，不予保护。需要特别说明的是，保护的其实并非复利，而是法律允许民间借贷可以约定的适当高于银行利息的部分。换言之，复利仅是一种利息计算方法，只要按照该方法计算出来的利息总额不超过法定利息的四倍，即受法律保护。

法律依据

最高人民法院《关于贯彻执行〈中华人民共和国民法通则〉若干问题的意见（试行）》第 125 条："公民之间的借贷，出借人将利息计入本金计算复利的，不予保护；在借款时将利息扣除的，应当按实际出借款数计息。"

最高人民法院《关于人民法院审理借贷案件的若干意见》第 6

条："民间借贷的利率可以适当高于银行的利率，各地人民法院可根据本地区的实际情况具体掌握，但最高不得超过银行同类贷款利率的四倍（包率利率本数）。超出此限度的，超出部分利息不予保护。"

最高人民法院《关于人民法院审理借贷案件的若干意见》第7条："出借人不得将利息计入本金谋取高利。审理中发现债权人将利息计入本金计算复利的，其利率超出第六条规定的限度时，超出部分的利息不予保护。"

49 债权请求超过诉讼时效怎么维权？

典型事例

刘父因业务往来欠下王某业务款1200元。2002年3月，刘父病故，王某遂向刘某讨还当初欠款。刘某拿出一张某单位的欠条，说自己现在没有现钱，如果王某能出面帮自己追回该单位拖欠的2 550元债务，则可将欠款一并还清。2002年6月1日，王某将某单位拖欠刘某的2550元的债务追回，在除去1200元的欠款后，付给刘某500元，剩下的850元，王某给刘某打下欠条表示自己向刘某借款850元，并约定一个月之后归还。7月16日，刘某上门索要，王某提出当初刘某的父亲欠自己的钱并不是自己以前所说的1 200元，而是2 000元，于是拒绝归还850元的借款。四年后的2006年12月14日，刘某丈夫廉某以王某不还欠款为由，将其摩托车扣押。王某向法院起诉，要求判令廉某返还摩托车并赔偿损失。而刘某又将王某起诉，要求判令王某归还借款850元。

法院审理认为，廉某未通过正当途径追要欠款，属侵权行为，廉某应返还王某的摩托车。刘某未在法律规定期限内向王某追要欠款，已经超过诉讼时效，刘某丧失胜诉权。判决被告廉某在判决生效后将王某的摩托车返还给原告王某，以超过诉讼时效为由判决驳回原告刘某的诉讼请求。

法律分析

《民法通则》规定，向人民法院请求保护民事权利的诉讼时效期间为二年（法律另有规定的除外），诉讼时效期间从知道或者应当知道权利被侵害时起算。超过诉讼时效所提起的诉讼不受法律保护，也就丧失了胜诉权。本案中，王某与刘某于2002年6月1日达成协议，约定被告于2002年7月1日付清欠款，诉讼时效期间应为2002年7月2日至2004年7月1日，而在2002年7月16日，刘某进行了讨要欠款行为，出现了诉讼时效中断的情形，因此诉讼时效期间就应从中断时起重新计算，即诉讼时效为2004年7月16日前。刘某直到2007年才向法院提起诉讼，诉讼请求已超诉讼时效，法院驳回原告的诉讼请求是正确的。那么，债权请求已经超过诉讼时效，债权人应如何维权？

这时，我们可采取以下措施维权：

1. 争取债务人自愿还款。按照民法理论，超过诉讼时效的债权，消灭的仅仅是债权的强制执行力，并没有丧失受领力和保持力。超过诉讼时效后如果债务人自愿履行债务，债权人便可接受债务人的清偿而使债权得到满足；债务人在清偿债务后，不得以债权已过诉讼时效为由，要求债权人返还财产。但是，当债务人偿还部分债务后又停止履行债务，意味着债务人对此笔债务的认可，债权人有权请求法院强制债务人履行债务。

2. 争取债务人与债权人达成还款协议。双方当事人在超过诉讼时效后达成还款协议的，视为对此笔债务的重新确认，债务人的还款意思表示可以导致诉讼时效的重新计算。

3. 债务人签收催收通知。根据法律的规定，对于超过诉讼时效期间，债权人向借款人发出催收到期贷款通知单，债务人在该通知单上签字或者盖章的，应当视为对原债务的重新确认，该债权债务关系应受到法律保护。

法津依据

《民法通则》第 135 条："向人民法院请求保护民事权利的诉讼时效期间为二年，法律另有规定的除外。"

50 什么是诉讼时效？

典型事例

李某于 1998 年 1 月卖给张某烟花 700 箱，价值 15 万元，双方约定 1998 年 4 月底付款。然而直到当年 5 月张某都一直推脱说货不好卖，不肯付款。李某以后经常向张某催款，有时候打电话有时候亲自去找张某，每次间隔不超过 3 个月。至 2001 年 12 月，李某听说法院可以帮其解决此事，就至法院起诉张某。张某答辩说早已过了诉讼时效，法院应该判令李某败诉。李某奇怪，明明是我有理，凭什么要判我输官司？

法律分析

诉讼时效是指权利人在法定期间内，没有行使自己的权利，法院就不再依诉讼程序强制债务人履行其民事权利，以免造成民事关系的长期不稳定，也便于法院查清案件事实，毕竟时间拖得太长了证据难以收集。本案里双方约定 1998 年 4 月底付款，张某就应当在 1998 年 4 月 30 日前付款。如果张某过了 1998 年 4 月 30 日还不付款，那么李某应该从 1998 年 5 月 1 日起的两年内行使权利，如去追讨欠款或起诉；否则两年一过，他就是起诉，法院也不会判他胜诉。

但本案中李某从当年 5 月起就一直不断地向张某催要货款，其诉讼时效不断地被中断，即使李某起诉时已经从 1998 年 4 月底过了两年多，他也不一定过了诉讼时效。为什么会出现这种情况呢？这就涉及一个诉讼时效中断的概念。诉讼时效中断是指权利人在诉讼时效期间内主张权利，诉讼时效重新起算的法律制度。假设本案里的李某 1998 年 10 月 1 日去张某处催款，诉讼时效就中断了，就从 1998 年 10 月 2 日起重新再算两年；到 2000 年 10 月 1 日李某再次去张某处催款，又造成诉讼时效的中断，诉讼时效从 2000 年 10 月 2 日起重新再算两年。事实上李某是经常去催款，间隔不超过 3 个月，诉讼时效不停地中断，所以到李某起诉时还没有过诉讼时效，法院应当支持其诉讼请求。我们再假设，1998 年 10 月 1 日和 2000 年 10 月 1 日不是李某向张某催款，而是张某主动向李某说将在近几日付款，但张某没有兑现他的诺言，这同样构成诉讼时效的中断。

跳出这个案子，我们再进一步假设，李某从 1998 年 4 月底后从没去找张催过款也没起诉，但到 2000 年 1 月 1 日，就在诉讼时效快过掉的时候李某所在的地区发生山体滑坡，交通被阻断，通讯也被切断了，他没有办法向张某催款了，也没法起诉；就这样过了两年，2002 年 1 月 1 日，路终于通了，李可以去主张权利了，这样李某的诉讼时效过了吗？没有，因为他的诉讼时效中止了。诉讼时效的中止是指在诉讼时效期间的最后六个月内，因不可抗力或者其他障碍不能行使请求权的，诉讼时效停止计算，从原因消除之日起，诉讼时效期间继续计算的法律制度。在 2000 年 1 月

1 日发生山体滑坡时，李某的诉讼时效还剩 4 个月时间，到 2002
年 1 月 1 日路修通时李某的诉讼时效就还剩 4 个月时间，李某得在
这 4 个月时间里抓紧时间主张权利。

不过，除非张某自己承认，李某还是得为他所主张的中断或
中止的事实举证。

法 律依据

《民法通则》第 135 条：“向人民法院请求保护民事权利的诉
讼时效期间为二年，法律另有规定的除外。”

《民法通则》第 136 条：“下列的诉讼时效期间为一年：

（一）身体受到伤害要求赔偿的；

（二）出售质量不合格的商品未声明的；

（三）延付或者拒付租金的；

（四）寄存财物被丢失或者损毁的。”

《民法通则》第 137 条：“诉讼时效期间从知道或者应当知道
权利被侵害时起计算。但是，从权利被侵害之日起超过 20 年的，
人民法院不予保护。有特殊情况的，人民法院可以延长诉讼时效
期间。”

《民法通则》第 138 条：“超过诉讼时效期间，当事人自愿履
行的，不受诉讼时效限制。”

《民法通则》第 139 条：“在诉讼时效期间的最后六个月内，
因不可抗力或者其他障碍不能行使请求权的，诉讼时效中止。从
中止时效的原因消除之日起，诉讼时效期间继续计算。”

《民法通则》第 140 条：“诉讼时效因提起诉讼、当事人一方
提出要求或者同意履行义务而中断。从中断时起，诉讼时效期间
重新计算。”

51 未成年人出具的欠条是否具有法律效力？

典型事例

甲某是乙某的父亲。2005 年 7 月甲某请丙某做家教。甲某向丙某介绍了乙某的基本情况，并告知丙某不能借钱给乙某。丙某于 2005 年 7 月至 8 月给乙某作家教。其间，丙某应乙某的要求先后四次借给乙某人民币 1260 元。2005 年 11 月 5 日丙某找到乙某并让乙某出具欠条，欠条内容："2005 年暑假即 7 月至 8 月份，我找丙某借人民币 1260 元整。现约定：①我于 2005 年 15 日前先还 400 元，于 2005 年 12 月 20 日前还清；②若此条在丙某手里说明我所欠的钱没有还于丙某。"乙某在欠条上签字。因乙某未在期限内还款，丙某找到甲某，要求甲某还款。甲某以告知其不能借款为由拒绝丙某的要求。丙某无奈于 2006 年 1 月 21 日将甲某列为被告提起诉讼，请求甲某承担还款责任。乙某系在校学生，于 1988 年 12 月 10 日生，借款时和丙某向法院起诉时已满 16 周岁不满 18 周岁，无独立财产。

法律分析

该欠条具有法律效力。理由是：《民法通则》第 12 条第 1 款规定："10 周岁以上的未成年人是限制民事行为能力人，可以进行与他的年龄、智力相适应的民事活动；其他民事活动由他的法定代理人代理，或者征求他的法定代理人同意。"这是法律为保护交易安全和这类自然人的切身利益所采取的两个办法。一方面承认这类限制民事行为能力的自然人可以从事与他的年龄、智力相适应的民事活动；另一方面对不适应其年龄、智力的民事活动加以限制。这类活动必须由其法定代理人代理，或者征得他的法定代理人同意才能实施。至于哪类民事活动与这类自然人的年龄、智力状况相适应，我国司法实践中的判断标准有三：一是看行为与本人生活相关联的程度；二是看本人的智力是否理解其行为并预见相应的行为后果；三是看行为标的的数额。从实际情况看，这类自然人一般可以单独从事如下民事活动：进行满足日常生活的、定型化的、标的不大的民事行为，如购买学习用品、零食以及利用自动售货机等；进行只纯获法律上的利益而不承担义务的民事行为，如接受捐赠；某些以人身为基础的权利，如发明权、著作权等。

本案乙某向丙某借款后出具给丙某的欠条表述完整、层次分明，并采取了分期分批还款的方式向丙某做出承诺，可以看出乙某对与丙某之间的民事行为的性质和法律后果都是十分明了的，说明乙某的思维能力已经完全适应于上述民事活动。这一点还可以从乙某的年龄上加以考察。乙某是已满16周岁不满18周岁的未成年人，与10周岁以上不满16周岁的未成年人相比，乙某已接近成年人即完全民事行为能力人，智力趋于成熟。更有一点值得参考的是，自改革开放以来，我国的经济建设取得了举世瞩目的伟大成就，物质文明建设和精神文明建设都有了长足的发展。人们在全面奔向小康社会的同时，更加注重知识文化的教育和积累。普及初中教育已成为国家和公民的应尽义务，法制教育是学生跨入校门的必修课。物质生活的充分满足，文化知识的普及与提高促进了人们的身心健康和思维能力、智力的提前成熟，丰富的、雄厚的经济基础在满足了人们的基本物质生活以后，人们开始用它去追求精神享受，成年人如此，未成年人更是如此。因此，不能完全将"行为与本人生活相关联的程度"作为与年龄智力相适应的考察判断标准。就本案而言，虽无证据证明乙某借款是为了满足日常生活需要，但区区千元细款在当今社会已不能称之为数额较大了。

综上，乙某与丙某之间的行为符合《民法通则》第 55 条："民事法律行为应当具备下列条件：（一）行为人具有相应的民事行为能力；（二）意思表示真实；（三）不违反法律和社会公共利益。"因而乙某向丙某出具的欠条具有法律效力。

法律依据

《民法通则》第 12 条："十周岁以上的未成年人是限制民事行为能力人，可以进行与他的年龄、智力相适应的民事活动。其他民事活动由他的法定代理人代理，或者征求他的法定代理人同意。"

《民法通则》第 55 条"民事法律行为应当具备下列条件：

（一）行为人具有相应的民事行为能力；

（二）意思表示真实；

（三）不违反法律和社会公共利益。"

52 强行借款后又出具借条的行为如何定性？

典型事例

2000 年 3 月 9 日下午，被告人许某纠集张某等三人随身携带尖刀、玩具仿真手枪等物窜至其认识的但与其并无经济纠葛的金某开设的某设备公司。该公司前部为店堂，有两名男青年营业员在销售机电设备。四人穿过店堂到达公司负责人办公室，其中二人把守门口，不让该公司员工进入，许某及另一人则进入办公室。当时，办公室内仅有金某之妻李某在。李与许并不相识。许要求被害人李某借给其 3 万元，李说没有，许则以"有要拿出来，没有也要拿出来，否则，叫你丈夫明天不要出去，我有刀有枪的"
等言语相威胁，与许同行的另一人则飞快地撩了一下自己的衣服
下摆，露出其别在腹部的尖刀及假手枪。被害人非常害怕，在孤
立无援的情况下，被迫打开办公室内的保险柜，取出里面仅有的
2.8 万元交给许。许某坚持要 3 万元，并称少一分也不行。李某被
迫打电话叫同乡季某送来 2 000 元，又交给许某。在被害人要求
下，被告人许某出具了一份借条，借条载明借期一年，无利息约
定。2001 年 3 月 8 日"借款"到期，许某未予归还。

2000 年 4 月底某日，被告人许某又纠集多人窜至该公司办公
室内，向李某丈夫金某强行借款 1 万元。许得款后写一借条，载明
借款期限 10 个月，未约定利息。后该款用于挥霍。2001 年 2 月底
"借款"到期，亦未予归还。

上述"借款"到期后经被害人多次催讨，被告人于 2001 年 4
月 15 日归还 5000 元。后被告人被公安机关抓获。

法津分析

对本案中许某以暴力、威胁手段强迫他人提供借款的行为应
当如何定性呢，下面做简要分析：

1. 被告人许某的行为已经构成犯罪。理由如下：根据我国
《刑法》第 13 条的规定，犯罪这种行为有三个基本特征，即一定
的社会危害性、刑事违法性及应受刑罚惩罚性。其中，一定的社
会危害性是犯罪的最基本的属性，是刑事违法性和应受惩罚性的
基础，社会危害性如果没有达到违反刑法、应受刑罚处罚的程度，
也就不构成犯罪。本案中，被告人许某为了获得"借款"，纠集多
人，身藏尖刀等利器向与自己并不相识的李某借款，且采用言语
威胁手段，严重侵犯了被害人的人身权利，破坏了社会秩序，应
该说具有较大的社会危害性。如果因为行为人出具了借条而忽视

其行为破坏社会公共秩序且情节严重的本质，进而将此不认定为犯罪，显然与立法本意相悖，势必导致类似的严重扰乱公共秩序的不良社会现象滋生、蔓延，使社会主义法制所极力倡导的平等、自愿、公平、等价有偿和诚实信用之公序良俗受到极大的冲击，进而使安定、有序的社会秩序荡然无存。被告人等人的行为所侵犯的客体已超出了民法所调整的社会关系的范围，应认定为犯罪而不仅仅是民事纠纷中的违法行为。

2. 被告人许某的行为既不构成抢劫罪，也不构成敲诈勒索罪，因为不能证明行为人具有非法占有他人财物的目的，就不能以敲诈勒索罪或抢劫罪定罪处罚。敲诈勒索罪和抢劫罪作为侵犯财产所有权的犯罪，行为人主观上必须有非法占有公私财物的目的。如果不能证明行为人有非法占有的目的，就不能以敲诈勒索罪或抢劫罪对行为人定罪处罚。结合本案看，被告人许某等人以言语威胁的方法强迫他人提供借款，其行为特征与刑法规定的敲诈勒索罪、抢劫罪的某些客观方面特征相似。但是，从主观方面看，被告人许某等人使用威胁等强迫手段的目的，一开始就是为了获得借款，没有证据证实是为了非法占有借款或勒索财物。虽然被告人许某将获取的借款全部用于挥霍，但其在强迫借款过程中，也办理了借款手续——出具了借条，借款在形式上是履行了合法手续的。被告人许某与被害人李某之间的债权债务关系依法存在，且二次强行借款后经被害人催讨，被告人归还了 5000 元。这样，使得其非法占有"借款"的主观故意更是不甚明确。退一步说，即便被告人许某主观上确有赖账不还的意图，由于借条的存在，李某也完全可以通过民事诉讼向其主张债权。因此，被告许某等人强迫借款的行为与直接以暴力、威胁手段非法占有他人财物，侵犯他人财产所有权的抢劫罪、敲诈勒索罪有所不同，即行为人强迫他人提供借款采取了非法手段，但由于在形式上履行了借款手续，被告人许某等人取得的借款实质上是对李某的负债而不是对李某资金所有权的无偿占有。既然不能认定被告人主观上具有非法占有公私财产之目的，就不能以抢劫罪或敲诈勒索罪追求被告人的刑事责任。

3. 被告人许某的行为应认定为寻衅滋事罪。强迫他人提供借款的行为，是扰乱社会秩序的行为，情节严重的，应以寻衅滋事罪定罪处罚。寻衅滋事罪是指无理挑起事端，滋生是非，破坏社会秩序，情节严重的行为。寻衅滋事罪作为妨害社会管理秩序的犯罪，并不像抢劫罪及敲诈勒索罪之类的侵犯财产所有权的犯罪要求行为人主观上必须有非法占有公私财物的目的。寻衅滋事罪主观上是故意，即行为人明知自己寻衅滋事行为违背社会常规，破坏社会秩序，而仍然为之。该罪客观上具体表现为四种情形：第一，随意殴打他人，情节恶劣的；第二，追逐、拦截、辱骂他人，情节恶劣的；第三，强拿硬要或者任意毁损、占用公私财物，情节严重的；第四，在公共场所起哄闹事，造成公共场所秩序严重混乱的。行为人只要具有上述四种情形之一的，即可构成该罪。纵观被告人许某在该起事实中的行为，其明知在平等主体之民事活动中应遵循平等、自愿、公平、等价有偿和诚实信用原则，而弃之不顾，公然挑衅，其纠集多人并采用言语威胁的手段向李某强行借款 3 万元，且无任何利息约定，显属"强拿硬要或任意毁损、占用公私财物"之性质，严重侵犯被害人的人身权利，侵害了社会正常的公共秩序。结合"借款"到期不归还，且"借款"造成的经济损失数额巨大，应属情节严重，其行为完全符合《刑法》第 293 条第 3 项寻衅滋事罪"强拿硬要或任意毁损、占用公私财物，且情节严重"的构成特征，应以寻衅滋事罪定罪处罚。

法 津依据

《刑法》第 293 条："有下列寻衅滋事行为之一，破坏社会秩序的，处五年以下有期徒刑、拘役或者管制：

（一）随意殴打他人，情节恶劣的；

（二）追逐、拦截、辱骂、恐吓他人，情节恶劣的；

（三）强拿硬要或者任意损毁、占用公私财物，情节严重的；

（四）在公共场所起哄闹事，造成公共场所秩序严重混乱的。

纠集他人多次实施前款行为，严重破坏社会秩序的，处五年以上十年以下有期徒刑，可以并处罚金。"

53 不起诉,可以申请法院直接执行债务人的财产还债吗?

典 型事例

村民王某于 2004 年 5 月 27 日借现金 20 000 元与朋友李某做生意，约定 2004 年 12 月 27 日全部归还本息。但到 2005 年 12 月，李某总是以做生意亏本为由不偿还，但存有机器厂房等财产。王与李之间除了这笔借款外没有其他经济往来。现在，王某急需用钱，但他又不想向法院起诉，他认为起诉花钱又多，时间又长，想直接请求法院执行李某的财产以还债。那么，王某可以直接申请法院执行李某的财产吗？

法 津分析

根据上述情况，如果王某不想向法院起诉，又想收回自己的借款的话，我们认为王某可以向法院申请支付令，如果李某不履行生效的支付令，王某可直接申请法院执行李某的财产以偿还他的借款。

支付令是指由债权人申请，经人民法院审查后签发的催促债务人限期履行债务的法律文书。它是《民事诉讼法》特别程序的督促程序核心和最重要的司法手段。

根据《民事诉讼法》及最高人民法院《关于适用〈中华人民共和国民事诉讼法〉的解释》的规定，申请支付令要满足如下条件：

1. 请求给付的必须是金钱或者汇票、本票、支票以及股票、债券、国库券、可转让的银行存款单等有价证券。如果债权人的请求不是给付请求，而是确认或变更某种法律关系，则无权申请支付令。

2. 请求给付的金钱或有价证券，必须是已经到期的或者过期的，且数额必须是确定的。

3. 债务人负有给付义务，且债权人与债务人之间没有其他债务纠纷，即债权人与债务人之间除了存在以金钱和有价证券为给付标的物的债权债务关系以外，不再存在其他债务纠纷。

4. 支付令能够送达债务人。如果债务人不住在中国境内或者下落不明，债权人不能申请支付令。

5. 必须向有管辖权的人民法院提出，即只能向债务人所在地的基层人民法院提出申请。

6. 必须提出书面申请。申请书应写明以下内容：债权人和债务人的基本情况；请求给付金钱或有价证券的数量及所依据的事实、证据，其中特别是应提出能证明所请求债权存在的债权文书；申请的目的，即要表明请求法院依督促程序发出支付令的意愿。

7. 所请求的债权必须未超过法律保护的两年诉讼时效期间。人民法院经审查债权人的支付令申请符合上述条件的，即予以受理。在受理以后，经进一步审查认为债权债务关系明显合法的，就应在自受理之日起 15 日内向债务人发出支付令。债务人即被申请人收到支付令后，在 15 日内不提出书面异议，又不履行支付令，债权人即申请人即可向法院申请对被申请人强制执行。人民法院签发支付令后，如果找不到被申请人或者被申请人在 15 日内就支付令提出书面异议，那么支付令即自行失效，督促程序终结。支付令失效后，督促程序将转入诉讼程序（除非债权人不希望通过向人民法院起诉从而引起审判程序）以期实现债权。

根据前述规定，王某可以向李某所在地的基层法院提出支付令的申请，请求法院督促李某履行债务。因为王与李某之间没有其他纠纷，且王某的债权已经到期，是给付金钱的债务，没有过两年时效，且支付令能送达李某。如果李某下落不明，就不适用督促程序的支付令了。如果李某收到法院签发的支付令后 15 日内没有提出符合条件的异议，支付令就生效。如果李不履行该支付令，王某可以向签发支付令的法院申请强制执行。当然，申请支付令在收费上比起诉更合算，也更快速。所以，王某可以向法院申请支付令，向李某讨债。

法律依据

《民事诉讼法》第 216 条："人民法院受理申请后，经审查债权人提供的事实、证据，对债权债务关系明确、合法的，应当在受理之日起十五日内向债务人发出支付令；申请不成立的，裁定予以驳回。

债务人应当自收到支付令之日起十五日内清偿债务，或者向人民法院提出书面异议。

债务人在前款规定的期间不提出异议又不履行支付令的，债权人可以向人民法院申请执行。"

《民事诉讼法》第 217 条："人民法院收到债务人提出的书面异议后，经审查，异议成立的，应当裁定终结督促程序，支付令自行失效。

支付令失效的，转入诉讼程序，但申请支付令的一方当事人不同意提起诉讼的除外。"

54 什么是反担保？

典型事例||

2009 年 1 月 10 日，刘某向张某借款 10 万元，约定借款期间为半年，田某为保证人，但田某担心将来向刘某追偿不成而风险太大，此时刘某的另一个好友王某站出来说："田某，你放心提供担保，如果将来刘某不能向你还钱，我愿意为他向你提供担保"，并出具了书面材料。合同到期后，因刘某无力偿还欠款，田某承担了保证责任。后田某向王某主张由其负责承担该追偿责任，双方争执不下，遂起纠纷。

法律分析||

本案系一起反担保案例。所谓反担保，是指第三人（担保人）为债务人向债权人提供担保时，由债务人或另外第三人向担保人提供的担保，担保的对象是担保人向债权人承担担保责任后，担保人不能向债务人追偿时，由反担保人负责清偿。

1. 反担保有效成立的条件。根据《担保法》和最高人民法院《关于适用〈中华人民共和国担保法〉若干问题的解释》的规定，反担保的成立须具备下列几个条件：①第三人向债权人提供了担保，反担保依附于担保而存在，因此，只有第三人向债权人提供了担保，方有权要求债务人提供反担保，反担保方能成立；②债务人或债务人之外的其他人向第三人提供担保；③只有在第三人

139

为债务人提供保证、抵押或质押担保时，才能要求债务人向其提供反担保；④须符合法定形式，即反担保应当采用书面形式，依法需要办理登记或移交占有的，应当办理登记或转交占有手续。

2. 反担保的担保方式。反担保的担保方式有求偿保证、求偿抵押、求偿质押三种：①求偿保证，是指债务人之外的其他人以自己的财产和信誉确保第三人对债务人追偿权的实现所提供的担保；②求偿抵押，是指债务人或债务人之外的其他人以自己的财产作抵押，确保第三人追偿权实现的一种担保；③求偿质押，是指债务人或债务人之外的其他人将其动产或权利凭证交给第三人占有，确保第三人追偿权实现的担保。

在本案中，王某的担保形式即为反担保，当借款合同到期，刘某无力支付，田某向张某承担保证责任，且田某无法向刘某追偿时，应由反担保人即王某负责清偿该追偿责任。

法律依据

《担保法》第 4 条："第三人为债务人向债权人提供担保时，可以要求债务人提供反担保。

反担保适用本法担保的规定。"

《物权法》第 171 条第 2 款："第三人为债务人向债权人提供担保的，可以要求债务人提供反担保。反担保适用本法和其他法律的规定。"

55 替人还债是无因管理还是不当得利？

典型事例

2005 年 3 月 4 日，彭某因急需用钱，便通过亲戚黄某的介绍向江西省丰城市某信用社贷款 20 000 元。同年 7 月彭某与丈夫刘某协议离婚后外出打工，一直未归还借款。该信用社让黄某向彭某催款，因联系不到彭某，黄某代其还清了借款及利息共计人民币 20 266 元。后黄某向彭某催讨未果而形成纠纷。

法院在审理中存在两种不同的意见：第一种意见认为，黄某为了彭某的利益，在无法定或约定义务的情况下，代彭某偿还了借款及利息，双方形成了无因管理之债，此案应适用无因管理的规定，判决彭某给付黄某所支出的费用 20 266 元；第二种意见认为，彭某无法律上的原因而受到一定利益，致使黄某遭受损失，双方形成了不当得利之债，此案应适用不当得利的规定，判决彭某返还所得不当利益 20 266 元给黄某。

法律分析

所谓无因管理，是指没有法律规定或约定的义务而为他人管理事务。《民法通则》第 93 条规定："没有法定的或约定的义务，为避免他人利益受损失进行管理或服务的，有权要求受益人偿付由此支出的必要费用。"这一规定在我国民法上确立了无因管理制度，是审判实践中处理无因管理纠纷的基本依据。

所谓不当得利，是指无法律上的原因而受利益，致使他人受损失的事实。《民法通则》第 92 条规定："没有合法根据，取得不当利益，造成他人损失的，应当将取得的不当利益返还受损失的人。"这是我国民法确立的不当得利制度，也是民事审判机关解决不当得利问题的基本依据。

无因管理之债与不当得利之债都属于法定之债，前者因合法的事实行为而发生，后者基于当事人之间的利益发生不当变动的法律事实而发生。

本案是无因管理之债还是不当得利之债，关键要看当事人之间的债权债务关系符合哪一种债的成立要件。前者的成立要件有三项：管理他人事务；有为他人利益的意思；无法律上的原因。后者的成立要件有四项：一方取得利益；一方受到损失；取得利益与受到损失之间有因果关系；没有法律上的依据。两种意见都排除了合同之债，因为当事人之间并无合同上的关系。当然，本案中黄某的行为也不属于"赠与"，否则就不会产生纠纷。持第一种意见者认为黄某代彭某还款可视为"管理他人事务"，若不限定"管理"的范围（可涵盖保管、整理、维修、保存、改良、利用、处分和服务等内容），替他人偿还借款似乎也是一种管理他人事务的行为。但黄某并无为彭某利益的意思表示，也没想过要避免彭某利益受损，相反，其代彭某还款时已经产生了事后向彭某追讨的想法，也正是这种心理促使其积极代彭某还款。为了他人的利益是无因管理成立的主观要件，其意思表示必须是真实的、自愿的，本案中很难体现这一点。从黄某的起诉行为可知其是在无奈之下或者说是为了自己的利益而代彭某还款，其目的只是想缓解信用社与其之间的矛盾，甚至相信彭某事后会返还这笔钱。况且根据《民法通则》的规定，无因管理之债的管理人有权要求受益人偿付管理所支出的费用，假设第一种意见成立，那么黄某为彭某还款这一"管理"行为所支出的费用不只是 20 266 元，还应包括其他费用，如交通费、电话费等。但在本案中所争议的标的仅限于借款及利息（20 266 元），这说明黄某本人也不是以无因管理之债提起诉讼，只是想通过法院追回自己替彭某偿还的 20 266 元。由此可见，黄某与彭某之间的债权债务关系并不符合无因管理之债的成立要件。

笔者支持第二种意见，是因为本案完全符合不当得利之债的成立要件，具体可作如下分析：

1. 受益人彭某取得了财产上的利益。本案中黄某的代付行为使得彭某与信用社之间的债权债务关系归于消灭，对彭某而言，其已实际占有、使用该笔借款，但黄某代其向信用社履行还款义务，从而间接地使彭某在事实上获得了一定财产利益。判断受益人是否受有财产利益，一般以其现有的财产利益与发生利益变动后所应有的财产利益相比较而决定。那么，凡是现有财产状况或利益较以前增加，或应减少而未减少均为受有利益；既有得利又有损失，损益抵销后剩余有利益的也为受利益。本案中的彭某作为债务人负有还款的义务，其占有的财产利益本应减少而未减少，可视为利益的消极增加。

2. 对于黄某而言，代彭某还款使其财产利益受到了损失。在本案中，彭某与信用社之间是合同之债，黄某既不是借款合同的相对人，也不是担保人，并无偿还借款的义务。黄某在没有负债的情况下替他人还债，其动机在此暂且不论，但其财产利益受损是不争的事实。

3. 彭某取得利益与黄某受到损失之间有因果关系。从法理学的角度分析，是否有因果关系通常采取"有 A 即有 B、无 A 即无 B"说。在本案中，只要有黄某的代付行为就有彭某的受益；黄某不代其还款，彭某就无从获得利益。因此，两者之间存在有牵连的因果关系。

4. 黄某代彭某还款使彭某受益并没有法律上的根据。不当得利通常区分给付型不当得利和非给付型不当得利。给付型不当得利又分为自始欠缺给付目的、给付目的嗣后不能成立和给付目的不达。本案当然属于给付型不当得利，而且是"给付目的不达"的不当得利。黄某的给付行为是以将来彭某向其还款为目的，但之前双方并没有债务债权关系，彭某在被动消灭债务（受益）之后并未向黄某还款，致使黄某的给付目的不能按其意图实现，彭某的受益欠缺保有该利益的正当性，因此构成了不当得利。

综上所述，彭某没有合法的根据取得不当利益，造成黄某受到损失，应当将取得的不当利益返还给黄某。笔者认为，本案应适用不当得利之债的规定进行判决。

法律分析

《民法通则》第93条："没有法定的或约定的义务，为避免他人利益受损失进行管理或服务的，有权要求受益人偿付由此支出的必要费用。"

《民法通则》第92条："没有合法根据，取得不当利益，造成他人损失的，应当将取得的不当利益返还受损失的人。"

56 保证期间和保证诉讼时效有什么区别？

典型事例

2011年10月11日，周平向李华民借款5万元，由周平的父亲周永强为周平提供保证。周平向李华民出具了一张借条，内容为："今借到李华民人民币共计5万元整，借期一年，利息为7500元，周永强为周平的借款提供担保。"借款人处和保证人处分别有周平和周永强的签名，落款日期为2011年10月11日。借款到期后，周平未按期向李华民归还借款及利息。

2013年1月15日，在多次催要借款未果后，李华民来到周平家中要求周平和周永强归还借款，双方为此发生了肢体冲突，当地派出所也介入处理此事。2013年11月4日，李华民到法院起诉，要求周平归还借款及利息，并要求周永强承担保证责任。周平辩称，自己做生意亏了，现在无能力偿还。周永强辩称，保证期间已过，无须再承担保证责任。

法律分析

在本案中，李华民到周平家向周平和周永强催要借款，此时周永强作为保证人的保证期间就已终止计算，从此时开始计算保证诉讼时效。根据我国《民事诉讼法》的规定，保证的诉讼时效为一般诉讼时效，期限为两年。从 2013 年 1 月 15 日到 2013 年 11 月 4 日未超过两年，因此，周永强仍然应承担保证责任。

在实际生活中，对于保证期间的计算问题及保证诉讼时效的计算问题法律及司法解释规定得较为复杂，很容易将保证期间和保证诉讼时效搞混淆。根据我国《担保法》及最高人民法院《关于适用〈中华人民共和国担保法〉若干问题的解释》的有关规定，结合本案对保证期间和保证诉讼时效进行简要分析。

1. 保证的方式分为一般保证和连带责任保证。当事人在保证合同中约定，债务人不能履行债务时，由保证人承保证责任的，为一般保证；当事人在保证合同中约定保证人与债务人对债务承担连带责任的，为连带责任保证；当事人对保证方式没有约定或者约定不明确的，按照连带责任保证承担保证责任。在本案中，由于李华民和周永强之间未约定保证方式，因此，周永强应当按照连带责任保证承担保证责任。

2. 保证期间是指根据当事人约定或者法律规定，债权人应当向保证人主张权利的期间。保证期间有三种计算方式：第一，没有约定保证期间的，保证期间为主债务履行期届满之日起六个月；第二，约定了保证期间的，保证期间按照约定计算，但是约定的保证期间早于或者等于主债务履行期限的，视为没有约定；第三，约定保证人承担保证责任直至主债务本息还清时为止等类似内容的，视为约定不明，保证期间为主债务履行期届满之日起二年。在本案中，由于李华民和周永强之间未约定保证期间，因此，保

证期间为主债务履行期届满之日起六个月，即 2012 年 10 月 11 日
至 2013 年 5 月 10 日。

3. 保证诉讼时效是指债权人在法定期间内不行使权利，持续
达到一定期间而致使其担保权消灭的法律事实。保证诉讼时效和
保证期间是完全不同的两个概念，保证诉讼时效在保证期间终止
计算之后才开始计算。当然，一般保证的债权人在保证期间届满
前未对债务人提起诉讼或者申请仲裁的，保证人的保证责任消灭。
连带责任保证的债权人在保证期间届满前未要求保证人承担保证
责任的，保证人的保证责任消灭。根据我国《民事诉讼法》的规
定，保证的诉讼时效为一般诉讼时效，期限为两年。在本案中，
保证诉讼时效从 2013 年 1 月 15 日开始计算。

综合上述分析可知，周永强承担的是连带保证责任，保证期
间从 2012 年 10 月 11 日开始计算，2013 年 1 月 15 日由于李华民向
周永强主张保证责任，保证期间终止计算，保证诉讼时效开始计
算。由于保证诉讼时效为两年，因此，李华民有权在 2013 年 11 月
4 日向周永强主张权利，周永强应当承担保证责任。

法律依据

《担保法》第 25 条："一般保证的保证人与债权人未约定保证
期间的，保证期间为主债务履行期届满之日起六个月。

在合同约定的保证期间和前款规定的保证期间，债权人未对
债务人提起诉讼或者申请仲裁的，保证人免除保证责任；债权人
已提起诉讼或者申请仲裁的，保证期间适用诉讼时效中断的
规定。"

《担保法》第 26 条："连带责任保证的保证人与债权人未约定
保证期间的，债权人有权自主债务履行期届满之日起六个月内要
求保证人承担保证责任。

在合同约定的保证期间和前款规定的保证期间，债权人未要求保证人承担保证责任的，保证人免除保证责任。"

《民法通则》第135条："向人民法院请求保护民事权利的诉讼时效期间为二年，法律另有规定的除外。"

57 未约定借款利息能否主张逾期还款利息？

典型事例

肖某和程某是多年的同窗好友，肖某于2012年4月11日因做生意资金周转困难向对方借款32 000元，但双方在借条上未约定利息和还款期限。2013年3月9日程某筹钱装修婚房，于是通知肖某1个星期之内还款，但肖某直到2013年6月17日才还款，程某不得已只好到亲戚处借钱装修。事后程某很不高兴，要求肖某支付逾期还款期间的利息，肖某认为双方并未约定利息，所以不存在利息的问题。程某一气之下，遂将肖某诉至法院。

法律分析

民间借贷如果未约定利息，应当推定为无偿，但程某可以要求肖某支付逾期还款利息，这是因为合同中视为不支付利息的规定是针对借款期限内而言的。借款到期后，借款人不能按期还款是一种违约行为，应当承担违约责任，其占用出借人款项给出借人造成的直接损失就是利息损失，原告主张逾期利息损失可以得到支持。

1. 我国《合同法》规定，自然人之间的借款合同对支付利息没有约定或者约定不明确的，视为不支付利息。本案中，原、被告没有约定利息，应视为不支付利息，因此，在原告起诉之前，被告只需返还本金，无须返还利息。但是，这并不代表被告在任何时候都不需要返还利息。根据《合同法》的规定，自借款合同到期后，原告主张权利之日起，被告应负偿还借款及利息之义务。另外，最高人民法院《关于人民法院审理借贷案件的若干意见》规定，公民之间的定期无息借贷，出借人要求借款人偿付逾期利息，或者不定期无息借贷经催告不还，出借人要求偿付催告后利息的，可参照银行同类贷款的利率计息。由此可以看出，即使在没有约定还款期限，又没有约定利息的情况下，出借人也可以从催告之日的次日起要求借款人支付逾期利息。

2. 根据我国《合同法》的规定，借款人未按照约定的期限返还借款的，应当按照约定或者国家有关规定支付逾期利息。可见，逾期付款利息系法定利息，只要付款逾期，该项利息即依法产生，不以当事人是否约定为转移，即使当事人未在合同中约定，守约方仍有权主张，法律对此予以充分保护。这是因为，损失赔偿不是必然要约定的，如合同中未约定损失赔偿，但违约方给守约方造成损失的，仍应当赔偿。在金钱给付义务中，因迟延支付，最直接也最易被预见的应当就是利息损失，即该笔款项被占用后，债权人无法进行存款获取利息收入等增值行为，或债权人因急用该笔资金未得，不得不向第三人借款而必须支付利息。因此，无论当事人在合同中是否约定了违约赔偿方式，只要一方当事人违约而给对方造成损失的，对方当事人就可以请求违约方承担赔偿责任。原告在本案中逾期收款的利息损失是显而易见的，被告除需继续履行合同即支付款项外，还需赔偿逾期付款期间相关款项的利息损失。

综上，程某与肖某的借款合同已实际履行，但肖某没有按双方约定在还款期限内付清借款，已构成违约，应承担违约责任，故程某要求其给付逾期付款利息的诉讼主张，应予以支持。

法 津依据

《合同法》第 211 条第 1 款："自然人之间的借款合同对支付利息没有约定或者约定不明确的，视为不支付利息。"

《合同法》第 207 条："借款人未按照约定的期限返还借款的，应当按照约定或者国家有关规定支付逾期利息。"

最高人民法院《关于人民法院审理借贷案件的若干意见》第 9 条："公民之间的定期无息借贷，出借人要求借款人偿付逾期利息，或者不定期无息借贷经催告不还，出借人要求偿付催告后利息的，可参照银行同类贷款的利率计息。"

58 借款抵押合同中流质抵押条款效力如何?

典 型事例

2012 年 1 月 14 日，某加工厂（以下简称"加工厂"）因经营需要向王某借款，双方签订抵押借款合同，合同约定：借款金额为 50 万元，年息为 2%。借款期限为 2012 年 1 月 14 日至 2012 年 6 月 13 日，加工厂以其所有的房屋作抵押，如果到期不能偿还借款本息，则房屋归王某所有。合同签订后，王某将 50 万元借款交付给加工厂。但是，借款到期后，加工厂并未如约偿还借款本息。王某于是向法院起诉，请求法院确认其对抵押房屋享有所有权。原告王某主张，加工厂向自己借款 50 万元，有双方签订的抵押借款合同为证，抵押借款合同中不仅约定了借款的基本情况，而且还约定加工厂以其房屋作为抵押，如果加工厂到期不能偿还借款本息，则抵押物归本人所有。现在加工厂违反约定不按时偿还贷款本息，根据合同约定，抵押物房屋应当归自己所有，加工厂应当将房屋过户到自己名下。被告加工厂主张，我方虽然与王某约定以我方房屋作为抵押物为借款提供担保，但是该抵押物并未办理抵押登记，因此以房偿债的约定无效。

法律分析

流质抵押条款，是指抵押人和抵押权人事先约定，在债务清偿期届满而抵押权人未受清偿时，抵押物的所有权转移给抵押权人所有的条款。

根据《担保法》的规定，订立抵押合同时，抵押权人和抵押人在合同中不得约定在债务履行期届满抵押权人未受清偿时，抵押物的所有权转移为债权人所有。最高人民法院《关于适用〈中华人民共和国担保法〉若干问题的解释》规定，当事人在抵押合同中约定，债务履行期届满抵押权人未受清偿时，抵押物的所有权转移为债权人所有的内容无效。该内容的无效不影响抵押合同其他部分内容的效力。债务履行期届满后抵押权人未受清偿时，抵押权人和抵押人可以协议以抵押物折价取得抵押物。但是，损害顺序在后的担保物权人和其他债权人利益的，人民法院可以适用《合同法》第74条、第75条的有关规定。从上述规定看，合同中的流质抵押条款是无效的。

禁止流质抵押的好处在于：首先，有利于防止担保设定人和与担保人串通以逃避债务、损害担保设定人的其他债权人的利益。如果法律允许流质抵押条款，那么担保设定人与担保权人就有可能恶意串通，通过订立流质抵押条款这种合法的方式，来逃避担保设定人对其他债权人的债务，从而给其他债权人造成损害。其次，有利于防止债务人与债权人串通以损害担保设定人的利益。在担保设定人不是债务人的情况下，如果允许流质抵押条款，那么债务人就有可能与债权人串通，债务人到期故意不履行债务从而让债权人取得担保物的所有权，并以此来损害担保设定人的利益。特别是在担保设定人不能及时、有效地对债务人行使追偿权的情况下，担保设定人的利益更有可能受到损害。最后，禁止流质抵押的终极目的是为了保护担保设定人及其他债权人的利益。在担保物的价值不是一般高于而是过分高于被担保的债权额时，如果允许流质抵押条款的存在，则不仅会造成担保设定人和债权人之间的利益失衡，造成显失公平，而且在担保设定人没有足够的财产以满足他的其他债权人的债权时，还会造成担保设定人的其他债权人与债权人之间的利益失衡。

本案中，加工厂与王某之间签订的抵押借款合同除抵押条款无效外，其他条款均为有效。双方在借款未到期的情况下，在抵押借款合同中约定以房屋抵偿债务，属于流质抵押条款，应当属于无效。另外，加工厂与王某之间约定以房屋作为抵押，但并未办理抵押物登记，根据《物权法》的规定，抵押条款有效，债权人未取得抵押权。

法 津依据

《担保法》第 40 条："订立抵押合同时，抵押权人和抵押人在合同中不得约定在债务履行期届满抵押权人未受清偿时，抵押物的所有权转移为债权人所有。"

最高人民法院《关于适用〈中华人民共和国担保法〉若干问题的解释》第 57 条："当事人在抵押合同中约定，债务履行期届满抵押权人未受清偿时，抵押物的所有权转移为债权人所有的内容无效。该内容的无效不影响抵押合同其他部分内容的效力。

债务履行期届满后抵押权人未受清偿时，抵押权人和抵押人可以协议以抵押物折价取得抵押物。但是，损害顺序在后的担保物权人和其他债权人利益的，人民法院可以适用合同法第七十四条、第七十五条的有关规定。"

59 第三人出具还款计划书就要还款吗?

典 型事例

原告张军与李勇是朋友关系。2009年1月,李勇因生意资金周转困难向张军借款人民币30万元,并出具借条一张,还款期限是2009年6月30日。借款到期后,李勇因债务缠身,于2009年8月起下落不明。为此,张军经常到李勇家催讨借款。2009年10月6日李勇的母亲王云向张军出具还款计划书一份,称"借款30万元(不含利息)在2010年2月6日前还清",并在还款计划书下方的还款人处签下自己的名字。还款计划到期后,王云拒不归还借款。2010年3月,张军诉至法院,请求王云归还借款30万元。王云则辩称:自己没有找张军借钱,钱是儿子李勇借的,与自己无关,自己是因为张军天天到家里来,才写了一个还款计划书给他。最终法院判决:判令王云归还30万元。

那么,王云没有借款,为什么一定要偿还借款呢?

法 律分析

王云书写的还款计划书,实际上是共同的债务承担,即第三人加入到债的关系中,与原债务人一起承担向债权人偿还债务的义务。本案显然不是新的债权债务,因为王云没有向张军借款,其承诺归还的是李勇的欠款,是已经存在的债务。王云的行为是并存的债务承担。并存的债务承担发生条件是第三人自愿代替债务人履行债务,且债权人同意接受第三人债务的履行,债权人的同意可以是明示的也可以是默示的。其法律特征是债务人并不脱离原合同关系,第三人是加入到原合同关系之中。并存的债务承担的法律后果是债务人和第三人形成连带债务关系,共同向债权人承担义务。

在实践中,需要注意的是,如果出具的是还款保证书,则是保证担保关系;如果出具的是三方协议书,或者债务人与第三人双方的协议书,协议书中有债务转让的意思表示,债权人也表示同意,则会构成债务转移的法律关系;如果仅是第三人单方代替债务人履行债务的意思表示,没有债务转让的表述,也没有担保的意思表示,则会构成并存的债务承担。

本案中王云出具还款计划时并未明确儿子李勇退出债务关系,张军也没有明示要免除李勇的债务,双方之间无转移债务的意思表示,且张军接受王某还款计划的行为,表明其同意王云加入到原债权债务关系之中。因此王云出具还款计划后,在张军、李勇、王云之间形成了并存的债务承担法律关系,王云应当按照自己的承诺归还张军的 30 万元。

《合同法》规定了合同自由原则和保护债权人利益原则,第三人代替债务人履行债务,只要不违反法律规定,不给债权人造成损失或增加负担,这种履行在法律上应当是有效的,它符合债权人的意志和利益,法律应当承认其效力。

法 律依据

《合同法》第 60 条:"当事人应当按照约定全面履行自己的义务。

当事人应当遵循诚实信用原则,根据合同的性质、目的和交易习惯履行通知、协助、保密等义务。"

60 承担责任的保证人能否直接起诉共同保证人？

典型事例

唐林向王五借款 10 万元，李峰、陈婷对该借款提供连带责任保证。借款到期后，唐林未还款，王五向法院起诉。判决生效后，王五申请强制执行。在执行过程中，法院依法扣划李峰银行存款10 万元。现李峰起诉陈婷，要求其承担 50% 的担保责任。陈婷抗辩称：李峰应先向唐林主张还款，执行不到位的才能向我主张，因此拒绝承担责任。

法津分析

第一，连带责任保证是指当事人约定由保证人与债务人对债务承担连带责任的一种保证方式。连带责任保证与一般保证相比，不具有保证的补充性，即连带责任保证人不具有先诉抗辩权，他同债务人一样，都负有同时偿还全部债务的义务。即在连带责任保证中，主债务和保证债务属于同一个债务。

第二，根据《担保法》的规定，同一债务有两个以上保证人的，保证人应当按照保证合同约定的保证份额，承担保证责任。没有约定保证份额的，保证人承担连带责任，债权人可以要求任何一个保证人承担全部保证责任，保证人都负有担保全部债权实现的义务。已经承担保证责任的保证人，有权向债务人追偿，或者要求承担连带责任的其他保证人清偿其应当承担的份额。李峰已经履行了担保责任，其有权向另一共同连带保证人陈婷主张权利，但因双方对担保份额没有特殊约定，故应按最高人民法院《关于适用〈中华人民共和国担保法〉若干问题的解释》第 20 条第 2 款的规定平均分担，即各承担 50% 的担保责任。

综上所述，已经履行了保证人责任的担保人，有权直接向其他连带共同保证人主张权利。因此，李峰能直接起诉陈婷，要求其承担50%的保证责任。

法津依据

《担保法》第12条："同一债务有两个以上保证人的，保证人应当按照保证合同约定的保证份额，承担保证责任。没有约定保证份额的，保证人承担连带责任，债权人可以要求任何一个保证人承担全部保证责任，保证人都负有担保全部债权实现的义务。已经承担保证责任的保证人，有权向债务人追偿，或者要求承担连带责任的其他保证人清偿其应当承担的份额。"

最高人民法院《关于适用〈中华人民共和国担保法〉若干问题的解释》第20条第2款："连带共同保证的保证人承担保证责任后，向债务人不能追偿的部分，由各连带保证人按其内部约定的比例分担。没有约定的，平均分担。"

61 与物的担保并存的保证责任如何承担?

典型事例

2002年12月31日，蓝潮集团公司（简称蓝潮公司）向中行汉中分行借款500万元，还款日期为2003年10月15日。汉江物产公司（简称汉江公司）为上述借款中的300万元本金及利息承担连带责任担保，保证期间2年。蓝潮房地产公司以其两处土地使用权为上述借款提供了抵押。2003年6月13日，蓝潮公司再向中行汉中分行借款490万元，约定偿还日期为2003年10月15日。汉江公司亦为该笔借款提供连带责任保证，蓝潮公司以其所有的国贸大厦主楼 17 层提供抵押。两笔贷款合计 990 万元，逾期后蓝潮公司均未偿还本息。

2004 年 6 月 25 日，中行汉中分行与信达西安办签订债权转让协议，将上述债权转让给信达西安办。同日，中行汉中分行向蓝潮公司履行了通知义务。后信达西安办于 2004 年 11 月 11 日、2006 年 6 月 18 日、2008 年 5 月 30 日在陕西日报刊登催收通知，向主债务人及担保人主张权利。

法律分析

1. 保证债务是否已超过诉讼时效。本案汉江公司的保证债务是否已超过诉讼时效，主要涉及对最高人民法院《关于适用〈中华人民共和国担保法〉若干问题的解释》（简称《担保法解释》）第 36 条第 1 款 "连带责任保证中，主债务诉讼时效中断，保证债务诉讼时效不中断" 的正确理解。该款规定应是引起主债务诉讼时效中断的事由，并不能引起连带保证债务诉讼时效的中断；要引起连带保证债务诉讼时效的中断，须由债权人直接向连带责任保证人主张权利。2004 年 11 月 11 日，信达西安办在保证期间内向保证人汉江公司主张权利，引起保证期间的消灭和保证债务诉讼时效的起算。2006 年 6 月 18 日、2008 年 5 月 30 日信达西安办两次向保证人汉江公司催收，均引起保证债务诉讼时效的中断，至本案起诉时，保证债务并未超过诉讼时效期间。故保证人的保证责任依法不应免除。

最高人民法院《关于审理民事案件适用诉讼时效制度若干问题的规定》（简称《诉讼时效规定》）第 17 条第 2 款规定，对于连带债务人中的一人发生诉讼时效中断效力的事由，应当认定对其他连带债务人也发生诉讼时效中断的效力。实践中有意见认为，连带保证人对主债务承担的是连带清偿责任，其与主债务人属连带债务人，根据该款规定，主债务诉讼时效的中断应引起连带保证债务诉讼时效的中断，即认为最高人民法院通过《诉讼时效规定》修改了《担保法解释》第 36 条第 1 款。对此问题，最高人民法院已在相关文章中明确指出，主债务人与连带保证人之间并不适用《诉讼时效规定》第 17 条第 2 款之规定。主要理由是：连带保证人为从债务人而非主债务人，其所负的债务为从债务而非主债务，与主债务并非同一层次的债务。所以，主债务诉讼时效的中断，并不能引起连带保证债务诉讼时效的中断。

2. 保证责任的承担范围。本案两笔借款都涉及物的担保与保证并存的情形，所不同的是 500 万元借款的抵押是由第三人蓝潮房地产公司提供的，490 万元借款的抵押是由主债务人蓝潮公司提供的。因物的担保提供人不同，保证人承担责任的范围亦有所不同。《担保法》第 28 条第 1 款规定，同一债权既有保证又有物的担保的，保证人对物的担保以外的债权承担保证责任。《担保法解释》第 38 条第 1 款规定，同一债权既有保证又有第三人提供物的担保的，债权人可以请求保证人或者物的担保人承担担保责任。这一规定对《担保法》第 28 条第 1 款规定作了限缩解释：同一债权既有保证又有物的担保的，如果物的担保是由主债务人提供的，则保证人对物的担保以外的债权承担保证责任；如果物的担保是由第三人提供的，债权人可以请求保证人或者物的担保人承担担保责任。本案中，500 万元借款所涉抵押是由第三人蓝潮房地产公司提供的，保证人汉江公司应在保证范围内对该笔借款承担连带清偿责任，即对上述借款中的 300 万元本金及利息等承担连带清偿责任。490 万元借款所涉抵押是由主债务人蓝潮公司提供的，故保证人汉江公司仅对抵押权实现后仍不能清偿的债务部分承担连带清偿责任。《物权法》沿用了《担保法解释》关于物的担保与保证并存时保证责任的承担原则，不同的是增加了当事人对责任顺序意思自治的内容。根据《物权法》第 176 条的规定，如果当事人在担保合同中约定了担保人承担责任的顺序，则债权人应当受该约定顺序之约束；如果没有约定或者约定不明确，则按物的担保与保证并存时责任顺序的一般原则处理。

相应的，在债权人放弃担保物权的情形下，因物的担保提供人不同，保证人的责任范围亦有所不同。在物的担保是由第三人提供的情形下，债权人有权选择行使担保物权或者保证债权，如当事人没有特殊约定，物的担保人与保证人处于同等的清偿地位，均有责任首先清偿全部债务。此时，债权人是否放弃担保物权，对保证人的责任承担并无影响。在债权人就全部债权向保证人主张时，保证人仍有义务予以清偿。当物的担保由主债务人提供时，因保证人只对物的担保以外的债权部分承担保证责任，债权人放弃物的担保的，保证人在其放弃权利的范围内免责。

法律依据

《担保法》第 28 条第 1 款："同一债权既有保证又有物的担保的，保证人对物的担保以外的债权承担保证责任。"

最高人民法院《关于适用〈中华人民共和国担保法〉若干问题的解释》第 38 条第 1 款："同一债权既有保证又有第三人提供物的担保的，债权人可以请求保证人或者物的担保人承担担保责任。当事人对保证担保的范围或物的担保的范围没有约定或者约定不明的，承担了担保责任的担保人，可以向债务人追偿，也可以要求其他担保人清偿其应当分担的份额。"

《物权法》第 176 条："被担保的债权既有物的担保又有人的担保的，债务人不履行到期债务或者发生当事人约定的实现担保物权的情形，债权人应当按照约定实现债权；没有约定或者约定不明确，债务人自己提供物的担保的，债权人应当先就该物的担保实现债权；第三人提供物的担保的，债权人可以就物的担保实现债权，也可以要求保证人承担保证责任。提供担保的第三人承担担保责任后，有权向债务人追偿。"

62 违反约定的使用用途使用贷款将导致怎样的法律后果?

典型事例

曾某从事个体运输业务。某年10月20日，曾某为扩大经营规模，向某银行申请贷款。银行与曾某签订一份借款合同，约定：借款金额为130万元，借款期限为半年，还款期限为次年4月19日，利息按央行公布的同期同类贷款利率计算；借款用途为购买汽车。曾某利用该笔借款之中的70万元购买汽车，另外60万元用于购买房产一套。银行发现上述情况后，立即要求曾某偿还借款。多次催要无果的情况下，银行将曾某起诉至法院，要求解除借款合同，并要求曾某立即归还借款130万元及相应的利息。

法律分析

本案核心在于借款人应当如何使用借款。

借款人收取借款后应当按照合同约定使用借款。《商业银行法》规定，贷款人应当对借款人的借款用途等情况进行严格审查。借款合同中应当对借款用途做出约定。

根据《合同法》的规定，借款人未按照约定的借款用途使用借款的，贷款人可以停止发放借款、提前收回借款或者解除合同。《合同法》的上述规定再次明确借款人应当按照约定的用途使用借款，同时规定了借款人的违约责任。借款人违反了合同约定的借款用途使用借款的，贷款人首先可以停止发放未发放部分的借款，同时可以提前收回借款，此外，贷款人还有权解除合同。

本案中，曾某与银行签订的借款合同中明确约定了借款用途是购买汽车，而曾某实际上未能按约定使用贷款，一部分用于购买汽车，而另一部分用于购买商品房，其做法已经违反了《合同法》的相关规定。因此，银行要求提前收回贷款以及解除合同是有法律依据的，应当予以支持。

法律依据

《合同法》第 203 条："借款人未按照约定的借款用途使用借款的，贷款人可以停止发放借款、提前收回借款或者解除合同。"

63 抵押权效力能否协议设定？

典型事例

2013 年 8 月 9 日，周某某、宋某某与王某某签订抵押借款协议一份，约定王某某向周某某、宋某某借款 10 万元，王某某以其所有的 1 辆轿车作抵押。双方确认上述车辆现价值人民币 20 万元，并约定抵押权自登记时设立。该抵押借款协议经公证处公证。后本案所涉轿车未进行抵押登记。借款到期后，王某某未按约归还借款，周某某、宋某某诉至法院，请求判令王某某归还借款，并要求就约定轿车行使抵押权。

法律分析

本案争议焦点是，借款双方约定车辆抵押权自登记时设立是否有效？

我国《物权法》第5条规定："物权的种类和内容，由法律规定。"该条是关于物权法定原则的规定。物权法定主要体现在以下方面：一是类型法定，即抵押权必须由法律设定，不得由当事人随意创设；二是内容法定，即当事人不得逾越法律规定的物权内容的界限，改变法律明文规定的物权内容；三是效力法定，即物权具有的排他、优先及追及效力，都应当由法律明确规定，不容当事人通过协议随意改变；四是公示方式法定，法律对物权变动时的公示方式均有明确规定，非以法定方式予以公示，物权的变动或者无效，或者不得对抗第三人，当事人不得协商随意确定。

抵押权作为担保物权的主要形式之一，应当遵循物权法定原则。根据该原则，抵押权的效力应由法律规定，不能由当事人协议设定。《物权法》第188条规定，以交通运输工具抵押的，抵押权自抵押合同生效时设立；未经登记，不得对抗善意第三人。

本案中，轿车系交通运输工具，根据法律规定，抵押权自抵押合同生效时即设立。当事人在"抵押借款协议"中约定抵押权自登记时设立，该约定与《物权法》188条规定的内容不符，违反了物权法定原则，应认定该约定无效。虽然涉案的轿车未进行抵押登记，但双方的抵押合同已经生效，抵押权也就已经成立。故周某某、宋某某有权要求行使抵押权，就约定的轿车优先受偿。

法律依据

《物权法》第5条："物权的种类和内容，由法律规定。"

《物权法》第188条："以本法第一百八十条第一款第四项、第六项规定的财产或者第五项规定的正在建造的船舶、航空器抵押的，抵押权自抵押合同生效时设立；未经登记，不得对抗善意第三人。"

64 借款人将抵押物重复抵押的，应当如何认定其效力？

典 型事例

赵某某自己经营一家酒店，因流动资金紧张，于是向张某某借款，双方签订抵押借款合同，合同约定：借款金额为 50 万元，借款期限 1 年，自 2004 年 3 月 9 日起至 2005 年 3 月 8 日止，借款利息为月 6.43‰，赵某某以酒店所有的机器设备作为抵押物，到期不能偿还，张某某可以以此抵押物优先受偿。合同签订后，双方对抵押机器设备进行了登记。张某某依约向赵某某支付 50 万元。

但是 50 万元并不足以应对经营中的流动资金短缺的情况，赵某某于是又向李某某借款 20 万元，双方也签订了抵押借款协议，约定了借款期限为 10 个月，借款利息等，同时还约定赵某某以其酒店所有的机器设备作为抵押，不能偿还该款项时，以抵押物优先受偿。合同签订后当日，李某某将借款交付给赵某某。

虽然两笔借款都已经投入到经营中，但是赵某某的酒店并未有明显起色，借款期限将至，李某某与赵某某协商还款事宜，赵某某无力偿还借款，于是同意将酒店所有的机器设备折价，偿还给李某某。此时，赵某某向张某某借款也已到期，赵某某未按时向张某某偿还借款本息。张某某得知上述情况后，将赵某某告上法庭，要求赵某某偿还借款本息，否则应当以抵押物优先受偿。

法 律分析

本案涉及的主要是重复抵押的问题。

所谓重复抵押，是指债务人以同一抵押物分别为数个债权设定抵押，使该抵押物上存在着多个抵押权。重复抵押与一物一权主义是不矛盾的，因为按照一物一权原则，不得在同一物之上设定多个相互冲突的物权，但是在同一物上，可以设立多个彼此之间并不矛盾的物权，这不仅使抵押物的价值得到充分的利用，也为融资开辟了更为广阔的渠道，并强化了债权的效力。因为重复抵押行为将会使抵押物的价值得到最充分的利用，可以使抵押物的担保价值得到最大程度的发挥。同时，由于登记制度可以将重复抵押予以公示，并确定了重复抵押行为的规则，从而避免了重复抵押可能发生的冲突和纠纷。从搞活经济以及充分利用抵押物的价值考虑，法律不仅不应禁止重复抵押，而且应当鼓励当事人设立重复抵押，只不过法律不应当允许当事人设立相互冲突和矛盾的重复抵押。

债权人在已经设定抵押的抵押物上重复设定抵押并非没有意义，而是有其利益取舍的考虑，主要体现在：抵押物的价值并不是固定不变的，它会随市场行情的变化而发生变化，如已经抵押的房产可能升值，也可能贬值，所以抵押权实现时的价值未必等同于抵押权设定时的价值，如果后一顺序的债权人看好抵押物的升值趋势，完全可以接受已经设定过抵押的抵押物。另外，由抵押物担保的债权未必都需要由抵押物拍卖或者变卖来获得清偿，如果前一债权通过正常履行清偿，则后一债权可以获得抵押物的抵押价值。

从目前我国的法律来看，我国《担保法》第 35 条规定："抵押人所担保的债权不得超出其抵押物的价值。财产抵押后，该财产的价值大于所担保债权的余额部分，可以再次抵押，但不得超出其余额部分。"最高人民法院《关于适用〈中华人民共和国担保法〉若干问题的解释》对《担保法》的上述规定进行了修正，其第 51 条规定："抵押人所担保的债权超出其抵押物价值的，超出的部分不具有优先受偿的效力。"《物权法》的颁布和实施，进一步完善了重复抵押制度。《物权法》第 199 条规定："同一财产向两个以上债权人抵押的，拍卖、变卖抵押财产所得的价款依照下列规定清偿：（一）抵押权已登记的，按照登记的先后顺序清偿；顺序相同的，按照债务比例清偿；（二）抵押权已登记的先于未登记的受偿；（三）抵押权未登记的，按照债权比例清偿。"

本案中，张某某和赵某某签订的抵押借款合同是当事人真实意思的表示，内容不违反法律的强制性规定，因此应当认定为有效的合同。且合同签订后，双方还对抵押物进行了登记。赵某某和李某某之间签订的抵押借款合同同样是合法有效的，但其对抵押物没有进行登记，根据"抵押权已登记的先于未登记的受偿"原则，应当由张某某优先行使抵押权。

法律依据

《物权法》第199条："同一财产向两个以上债权人抵押的，拍卖、变卖抵押财产所得的价款依照下列规定清偿：

（一）抵押权已登记的，按照登记的先后顺序清偿；顺序相同的，按照债务比例清偿；

（二）抵押权已登记的先于未登记的受偿；

（三）抵押权未登记的，按照债权比例清偿。"

65 不动产抵押登记才生效吗？

典型事例

王某做生意急需资金，遂向张某借钱，张某怕王某经商失败还不了钱，要求其提供担保，王某的亲戚李某同意以其所有的一套住房作为抵押物。王某、张某、李某遂签订了借款合同和抵押合同，约定张某借给王某30万元，借款期限为一年。李某用其所有的一套房屋作抵押担保。同日，三人还将借款合同、抵押合同在公证处办理了公证。张某见有房屋作抵押，又到公证处办理了公证，便十分放心地将钱借给了王某。王某经商失败，借款期限到后，无力偿还借款。张某索要借款未果，遂向法院起诉，要求就李某提供的抵押物优先受偿。经法院查实，此前李某已将该房屋作价 28 万元卖给他人，房屋已归他人所有。法院认为，王某未按借款合同约定履行义务，已构成违约。抵押合同虽在公证处办理了公证，但未到法定部门办理抵押登记，因此该房屋的抵押权并未设立，张某不享有就该房屋折价或者拍卖、变卖的价款优先受偿的权利。但李某仍应承担抵押合同的违约责任。

法津分析

依据法律的规定，以不动产及不动产物权设定抵押的应当登记，且不动产及不动产物权抵押登记采取登记成立主义。依照登记成立主义，在不动产及不动产物权上设立抵押权未经登记，不生效力。因此，本案中作为抵押物的房屋未办理抵押登记，抵押权并未生效，张某不能就该房屋享有优先受偿的权利。

虽然抵押权并未产生，但张某与李某之间的抵押合同是合法成立的。依据物权法原理，抵押合同的订立在当事人之间创设有关抵押权设定的权利义务关系，为物权变动的原因行为；作为原因行为的抵押合同，自合法成立之时生效，不能以抵押权是否设定登记为标准进行判断。因此，张某可以基于合同要求李某承担违约责任。

法津依据

《物权法》第 180 条："债务人或者第三人有权处分的下列财产可以抵押：

（一）建筑物和其他土地附着物；

（二）建设用地使用权；

（三）以招标、拍卖、公开协商等方式取得的荒地等土地承包经营权；

（四）生产设备、原材料、半成品、产品；

（五）正在建造的建筑物、船舶、航空器；

（六）交通运输工具；

（七）法律、行政法规未禁止抵押的其他财产。

抵押人可以将前款所列财产一并抵押。"

《物权法》第 187 条："以本法第一百八十条第一款第一项至第六项规定的财产或者第五项规定的正在建造的建筑物抵押的，应当办理抵押登记。抵押权自登记时设立。"

66 动产质押必须交付才生效吗？

典型事例

1997 年 12 月 1 日，张某向李某借款 2 万元，提出可用一套进口高档音响作为质押，保证次年 1 月 1 日一次还本付息。李某遂与其签订书面质押借款合同。合同签订当日，李某将 2 万元现金交付给张某，同时要求张某向其交付音响。张某称音响现不在其家中，而在郊县父母家，且交通不便，但保证 5 日后取来交与李某。李某对此表示同意。12 月 3 日张某又向刘某借款 1.5 万元，同样提出以该音响作为质押，双方签订了书面合同，并于当日相互交付现金及质物。12 月 5 日李某欲向张某索要音响，却找不到其行踪。12 月中旬，李某尚未拿到音响，经多方打听，方知音响已交给刘某作质押，遂找到刘某要音响，刘某拒绝。1998 年 1 月 1 日借款合同期限届满，李某要求张某归还借款，张某表示现无钱归还，请求宽限3个月。李某遂以张某、刘某为被告诉至法院，要求就该音响变卖的价款优先受偿。

法津分析

1. 李某对该音响不享有质权。根据《物权法》、《担保法》等相关法律的规定，质权作为一种担保物权，其成立必须符合以下要件：

（1）债权人和债务人之间必须签订书面的质押合同，才能设立质权。《物权法》第210条第1款规定，"设立质权，当事人应当采取书面形式订立质权合同"。《担保法》第64条第1款规定："出质人和质权人应当以书面形式订立质押合同。"这里的质权合同和质押合同应该是指同一合同，以下统称为质押合同。这些规定说明，必须通过书面的合同形式才能设立质权。本案中，张某和李某订立了书面的质押合同，在质权设立的形式上符合法律规定。

（2）只有质物交付给质权人占有，质押合同才能生效。《担保法》第64条第2款规定："质押合同自质物移交于质权人占有时生效。"这是合同生效的法定条件，质物只有移交给质权人占有，合同才能生效，质押关系才能建立。《物权法》第212条规定："质权自出质人交付质押财产时设立。"这一规定进一步表明，质押权人只有占有质物，才能真正地享有质权。本案中，张某和李某虽然订立了书面的质押合同，但是张某并没有将音响交付给李某，所以质押合同没有生效；李某尽管已经把钱借给了张某，但他对这些音响并不享有质权，他基于质押合同主张对质物的优先受偿权，不能得到法律的支持。

2. 刘某是真正的质权人，他对音响享有优先受偿权。本案中张某向刘某借钱尽管在李某之后，但是因为张某已经将音响交付给刘某了，所以他们之间的质押合同成立并生效。刘某才是真正的质权人，占有这套音响并对其享有优先受偿权。在张某清偿其债务前，刘某可拒绝包括张某在内的任何人对该音响的返还请求。

法 律分析

《担保法》第 64 条："出质人和质权人应当以书面形式订立质押合同

质押合同自质物移交于质权人占有时生效。"

《物权法》第 210 条第 1 款："设立质权，当事人应当采取书面形式订立质权合同。"

《物权法》第 212 条："质权自出质人交付质押财产时设立。"

67 动产抵押权、质押权、留置权谁优先受偿？

典 型事例

2007 年 5 月，张某向李某借款 5 万元人民币，双方约定借款期限为三个月，张某以其所有的一台机器设备为李某的债权提供抵押担保，双方签订了抵押合同。同年 6 月，张某再次向王某借款 3 万元，借款期限同样为三个月，以向李某提供抵押担保的同一台机器向王某提供质押担保，双方签订质押合同后，张某实际交付了机器设备。8 月，王某发现该机器有部分损坏，影响使用，便将机器送至某修理店修理。该期间，张某对王某的债务到期，但未及时偿还，王某便一直没有支付机器维修费用，也未将机器取回，经修理店催告后，王某仍未支付修理费。后王某对张某起诉，要求张某偿还债务并支付利息，并以其质押权为由主张就机器拍卖的价款优先受偿。在此期间,李某对张某提起诉讼,要求张某偿还债务;修理店对王某提起诉讼,要求支付修理费用、保管费用3000元,且都请求优先受偿。法院将三个案件合并审理。

法津分析

本案是一起在同一个物上设立多个担保物权且相互冲突的情形。我国《担保法》和《物权法》都规定,对动产可以设立抵押权,也可以设立质押权,并且因设立抵押权并不将抵押物交付抵押权人占有,第三人从表面上往往不能判断该财产是否已经设立抵押,因此容易在同一财产上再抵押或设立质押,造成一个担保物上多个担保权益相冲突的情形。

1. 留置权优先于抵押权和质押权受偿。留置权是指债权人按照合同约定占有债务人的财产,当债务人不履行债务时,债权人有留置该财产并依法以该财产折价或以拍卖、变卖该财产的价款优先受偿的权利。如本案中修理店基于修理合同占有机器,并基于修理行为就修理费对王某享有了债权,王某未按时支付修理费,修理店则有权留置机器并优先受偿。

留置权是一种法定担保物权,我国《物权法》第239条规定,同一动产上已设立抵押权或者质权,该动产又被留置的,留置权人优先受偿。因此,无论抵押权、质押权和留置权的设立时间谁在前,留置权一律优先于抵押权、质押权受偿。

2. 经依法登记的抵押权优先于质押权受偿。最高人民法院《关于适用〈中华人民共和国担保法〉若干问题的解释》第79条规定,同一财产法定登记的抵押权与质权并存时,抵押权人优先于质权人受偿。因此,抵押权优先于质押权受偿的前提是抵押权有效设立且抵押权依据法律规定进行了登记。未经登记的抵押权不得优先于质押权受偿。

综上所述，同一财产上多个担保物权相冲突时，按照以下顺序优先受偿：留置权——登记的抵押权——质押权——未经登记的抵押权。

3. 抵押权、质押权的设立。

（1）抵押权的设立：以建筑物和其他土地附着物，建设用地使用权，以招标、拍卖、公开协商等方式取得的荒地等土地承包经营权，正在建造的建筑物抵押的，必须办理抵押登记，抵押权自登记时设立；以生产设备、原材料、半成品、产品、交通运输工具、正在建造的船舶、航空器抵押的，抵押权自抵押合同生效时设立，未经登记不得对抗善意第三人。

（2）质押权的设立：动产质权自出质人交付质押财产时设立；以汇票、支票、本票、债券、存款单、仓单、提单出质的，质权自权利凭证交付质权人时设立；以基金份额、股权、注册商标专用权、专利权、著作权等知识产权中的财产权出质的，质权自在相关部门办理出质登记时设立。

本案中，因为是机器设备抵押，抵押权自双方签订抵押合同时设立，李某的抵押权设立在先，但该抵押权未依法进行登记，不得对抗善意第三人。因此，王某的质押权应比李某的抵押权优先受偿。

法 律依据

《物权法》第180条："债务人或者第三人有权处分的下列财产可以抵押：

（一）建筑物和其他土地附着物；

（二）建设用地使用权；

（三）以招标、拍卖、公开协商等方式取得的荒地等土地承包经营权；

（四）生产设备、原材料、半成品、产品；

（五）正在建造的建筑物、船舶、航空器；

（六）交通运输工具；

（七）法律、行政法规未禁止抵押的其他财产。

抵押人可以将前款所列财产一并抵押。"

《物权法》第188条："以本法第一百八十条第一款第四项、第六项规定的财产或者第五项规定的正在建造的船舶、航空器抵押的，抵押权自抵押合同生效时设立；未经登记，不得对抗善意第三人。"

《物权法》第212条："质权自出质人交付质押财产时设立。"

《物权法》第230条："债务人不履行到期债务，债权人可以留置已经合法占有的债务人的动产，并有权就该动产优先受偿。

前款规定的债权人为留置权人，占有的动产为留置财产。"

《物权法》第239条："同一动产上已设立抵押权或者质权，该动产又被留置的，留置权人优先受偿。"

最高人民法院《关于适用〈中华人民共和国担保法〉若干问题的解释》第79条："同一财产法定登记的抵押权与质权并存时，抵押权人优先于质权人受偿。

同一财产抵押权与留置权并存时，留置权人优先于抵押权人受偿。"

68 按揭贷款债权请求权的诉讼时效应如何计算？

典型事例

2001年4月10日，刘某向银行提出《个人住房借款申请书》，申请向银行借款60 000元，用于购买商品房。4月30日，银行与刘某签订《个人住房借款合同》，约定银行向刘某提供人民币贷款60 000元，月利率4.65‰，借款期限自2001年4月30日起至2011年4月30日止，刘某同意将借款所购买的住房作为抵押物。2001年4月30日，银行将60 000元借款发放到约定的账户内，双方依约履行。自2004年2月至2007年7月，刘某未按期偿还借款。2007年8月1日银行向刘某第一次发出催款通知书。8月28日，刘某偿还了20 000元。2009年2月，银行向刘某送达了个人住房贷款催告函，要求刘某在2009年2月15日前偿还拖欠的贷款本息。但刘某没有偿还。该借款至2009年5月止，尚有本金26 542元、利息20 230元未予偿还。

法津分析

按揭贷款债权请求权的诉讼时效应如何计算？

一种意见认为，案中2004年2月起至2005年7月有18期的借款已过诉讼时效。刘某借款的截止日期是2011年4月30日，因此借款尚未到期，且刘某最后一次付款时间是2004年1月，在2004年2月至2007年7月间，银行并未向刘某主张其债权，迟至2007年8月1日才第一次向刘某送达催款通知书，因此2004年2月起至2005年7月有18期的借款已过诉讼时效。

另一种意见认为，该笔借款并未超过诉讼时效。该借款合同是分期还贷，属于同一债务的分期履行，时效期间应该从2011年5月年开始计算。

笔者同意第二种意见。最高人民法院《关于审理民事案件适用诉讼时效制度若干问题的规定》第5条规定："当事人约定同一债务分期履行的，诉讼时效期间从最后一期履行期限届满之日起计算。"在该借款合同中，银行与刘某约定刘某应自2001年4月30日起至2011年4月30日止，每月偿还借款给银行，属同一债务的分期履行，该案中最后一期履行期限为 2011 年 4 月，在此期间，原告可随时要求被告履行债务，本案并未超诉讼时效。同时根据双方所签订的《个人住房借款合同》可知，借款期间，如刘某累计超过 6 个月未偿还贷款本息和相关费用，银行有权解除合同，提前收回已发放的贷款本息。因此，银行在借款未到期之前要求刘某偿还本息的诉讼请求与诉讼时效并不存在冲突。

法津依据

最高人民法院《关于审理民事案件适用诉讼时效制度若干问题的规定》第 5 条规定："当事人约定同一债务分期履行的，诉讼时效期间从最后一期履行期限届满之日起计算。"

69 本案的诉讼时效是否中断？

典型事例

2005 年 7 月 26 日，李某与某银行签订抵押贷款协议，约定：李某向该银行贷款 20 万元，由自有房产做抵押，同时约定贷款期限为 1 年，贷款期限届满后，李某因投资失败无法偿还到期贷款。2008 年 7 月 22 日，该银行从李某在该行账户中自行扣款 1 元，后因各种原因至 2009 年 3 月 12 日才起诉至法院。银行向法院起诉时其债权是否已经超过了 2 年诉讼时效呢？

法津分析

对于该案，我们首先要注意几个时间节点：第一个是协议签订时间 2005 年 7 月 26 日，第二个是协议约定的还款期限为 1 年，即还款时间为 2006 年 7 月 26 日，第三个是两年诉讼时效期间届满日 2008 年 7 月 26 日。而引起该案争议的焦点是 1 份 2008 年 7 月 22 日的银行借款偿还凭证。

我国《民法通则》第 140 条规定，诉讼时效因提起诉讼、当事人一方提出要求或者同意履行义务而中断。从该规定可以看出，引起诉讼时效中断必须具有提起诉讼、当事人一方提出要求或者同意履行义务三要件之一。纵观本案，银行在两年诉讼时效期间内并没有向法院提起诉讼，也没有提供证据证明在诉讼时效期间内向李某提出偿还债务的要求；至于同意履行义务这一要件，银行只提供 1 份 2008 年 7 月 22 日的借款偿还凭证，以此证明李某同意履行义务，而该凭证上并没有李某的签字认可，只有银行的单方盖章，且还款金额仅为 1 元，与李某向银行贷款 20 万元相距甚大，故此可以看出不是李某真实的还款意思。

综上，该案的诉讼时效没有因为 2008 年 7 月 22 日的借款偿还凭证而中断，银行于 2009 年 3 月 12 日向法院起诉已经超过诉讼时效。

法律依据

《民法通则》第 140 条："诉讼时效因提起诉讼、当事人一方提出要求或者同意履行义务而中断。从中断时起，诉讼时效期间重新计算。"

70 财产保全措施具有优先受偿效力吗？

典型事例

张某因生意亏本，分别拖欠刘某、李某货款 20 万元和 16 万元。两名债权人因催收无果，先后来到井冈山市法院起诉张某。

2009 年 5 月份，李某诉张某一案判决已生效，案件已进入执行程序。而刘某诉张某一案则尚在审理过程中，但因刘某申请财产保全，法院查封了张某一辆价值 10 万元的车子。那么，财产保全措施具有优先受偿效力吗？

法津分析

财产保全只是债权人为防止判决作出后无法执行而在诉前或诉中对债务人财产通过法院采取一定的措施保全起来，以保障判决得到执行，不具有优先性。

1. 最高人民法院《关于人民法院执行工作若干问题的规定（试行）》第 93 条规定："对人民法院查封、扣押或冻结的财产有优先权、担保物权的债权人，可以申请参加参与分配程序，主张优先受偿权。"此条规定享有优先权的仅指两种情形，即担保物权和优先权。财产保全不同于财产担保，担保权是一种典型的物权，可以排斥其他债权，财产保全仅为一种诉讼保障制度。

2. 若被保全财产具有优先受偿性，那么在债务人具有多个债权人的情况下，势必争相申请财产保全，排斥其他债权人利益。这很明显违反了债权平等原则。

3. 不许重复财产保全并不是因为先采取的具有了优先性，而是因为已经保全了债务人的财产，不具有再保全的必要性。财产保全仅为保障判决的执行，对其他债权人是不具有排他效力的。

法津依据

最高人民法院《关于人民法院执行工作若干问题的规定（试行）》第 93 条："对人民法院查封、扣押或冻结的财产有优先权、担保物权的债权人，可以申请参加参与分配程序，主张优先受偿权。"

71 债权转让需要通知债务人吗？

典型事例

安某于 2008 年 3 月 14 日向司某借款 2000 元，约定 2008 年 6 月 30 日之前还清。2008 年 6 月 10 日，司某从宋某处购买货物而欲将其对安某的债权 2000 元转让给宋某，宋某同意并立即打电话给安某（宋某与安某认识）告知此事。借款到期后，宋某向安某索要 2000 元钱款，安某拒绝给付。宋某将安某起诉至法院，而安某辩称其接到的只是宋某的电话，并不是司某的电话通知，司某与宋某之间的转让行为对其并不生效，其无须向宋某偿付此 2000 元。

法律分析

《合同法》第 79 条规定："债权人可以将合同的权利全部或者部分转让给第三人，但有下列情形之一的除外：（一）根据合同性质不得转让；（二）依照当事人约定不得转让；（三）依照法律规定不得转让。"第 80 条规定："债权人转让权利的，应当通知债务人。未经通知，该转让对债务人不发生效力。债权人转让权利的通知不得撤销，但经受让人同意的除外。"从以上法律规定来看，债权人转让债权须以通知债务人为必要条件，缺乏这一条件，未经通知债务人的，债权转让行为对债务人不发生法律效力。当然，法律对通知的方式未作明确规定，通知可以以口头、书面甚至行为等方式做出，通知到达债务人之时即发生效力。而且通知必须由债权人通知债务人，而不能由受让人等其他人代为通知。

本案中，司某欲将其对安某的债权 2000 元转让给宋某，但其并未通知安某，而是由宋某电话通知安某，根据相关法律规定，此转移视为未通知债务人安某，故债权转移行为对债务人安某并未发生法律效力。

法津依据

《合同法》第80条："债权人转让权利的，应当通知债务人。未经通知，该转让对债务人不发生效力。

债权人转让权利的通知不得撤销，但经受让人同意的除外。"

72 保证期间可以早于或者等于债务履行期间吗？

典型事例

赵某和陈某、林某均系亲戚关系。2013年8月31日，林某通过赵某向陈某借款6.6万元并出具借条一份，借条上约定2013年9月底付清。赵某在借条上注"担保2013年9月付清"并签名。还款期限届满后，林某无力还款，陈某遂将林某和赵某告上法庭。林某未到庭应诉，赵某到庭辩称：林某借款是事实，其担保不是事实；即使担保成立，也过了担保期限，故不承担担保责任。

法津分析

主合同中虽然没有保证条款，但是，保证人在主合同上以保证人的身份签字或者盖章的，保证合同成立。赵某在借条上明确注明"担保2013年9月付清"并签名。赵某虽否认担保的事实，但是无法否定其在借条上以担保人身份签名。认定赵某与陈某之间的保证合同成立既有事实依据又有法律依据。

根据法律的规定，保证合同约定的保证期间早于或者等于主债务履行期限的，视为没有约定，保证期间为主债务履行期届满之日起6个月。林某与陈某约定的还款期限为2013年9月，赵某与陈某约定的保证期限也是2013年9月，显然本案的保证期间等于主债务的履行期限。如果该约定成立的话，主债务履行期限届满，保证期限同时届满，赵某根本就不可能承担担保责任。因而，该约定违反法律规定，应属无效约定。双方约定的保证期间被认定无效后，保证期间为主债务履行期届满之日起6个月，即本案的保证期间依法确定为2014年3月31日。陈某2014年2月20日向法院起诉，未过保证期间，赵某应当承担保证责任。赵某承担保证责任后，可以向林某追偿。

法津依据

最高人民法院《关于适用〈中华人民共和国担保法〉若干问题的解释》第22条第2款："主合同中虽然没有保证条款，但是，保证人在主合同上以保证人的身份签字或者盖章的，保证合同成立。"

第32条第1款："保证合同约定的保证期间早于或者等于主债务履行期限的，视为没有约定，保证期间为主债务履行期届满之日起6个月。"

73 债权人对超过诉讼时效的债权能否行使抵销权？

典型事例

2009年3月7日，冯某借给韩某8万元，借款期限为一年。借款到期后，韩某没有如期偿还借款，冯某因在外忙于做生意，也一直未向韩某主张债权。2012 年 6 月 18 日，冯某从韩某经营的工厂进了一批货物，共价值 7 万元。2012 年 11 月 9 日，韩某向冯某催要货款，冯某遂提出将韩某尚欠的 8 万元借款与该笔 7 万元的货款进行冲抵。本案中，冯某对于自己超过诉讼时效的债权能否行使抵销权？

法 律分析

债权的诉讼时效期间届满，冯某只是丧失胜诉权，其实体债权仍然存在，对超过诉讼时效的债权仍然可以行使抵销权，只要冯某与韩某双方互享到期债权的种类、品质相同，冯某对超过诉讼时效的债权就可以行使抵销权。

《合同法》第 99 条第 2 款规定："当事人主张抵销的，应当通知对方。通知自到达对方时生效。"由《合同法》的该项规定可知，抵销权的性质为形成权，一方行使抵销权无须征得对方同意，只需通知对方且通知达到对方时生效。抵销，是指二人互负给付种类相同的债务，各得以相互的债权充抵相互的债务，从而使各自的债权债务在对等的额度内相互消灭，由此产生的权利称抵销权。抵销权的功能主要包括：一是，抵销免去了当事人对到期债务的履行，节省了交易成本；二是，抵销可以有效地保护债权人的权利，具有担保的作用，保证自己的债权得以清偿。

诉讼时效是指权利人时效期间内不行使权利而于时效期间届满后消灭请求权的时效。诉讼时效届满，权利人将丧失依诉讼程序保护其合法权益的权利，也就是胜诉权。诉讼时效期间届满，债权人对其债权将丧失胜诉的请求权，债务人的债务则成为不能强制执行的自然债务，除非债务人自愿履行该债务，否则，债权人的该债权无法得到法律的确认。诉讼时效制度设立的目的是为了防止权利人怠于行使权利，防止社会所依赖的事实状态被所谓

"权利上的睡眠者"推翻，以维护市场交易和社会秩序的稳定。

允许超过诉讼时效的债权行使抵销权并不违背时效制度的目的。超过诉讼时效的债权的性质是自然债，自然债的本质属性在于不能通过诉讼程序强制债务人履行，而不是不能通过其他途径实现。诉讼时效届满，当事人只丧失胜诉权，但仍有受领权，即义务人自愿履行义务时，权利人仍有受领的权利。胜诉权并非债权的全部权能。债权的权能除了胜诉权外，还包括起诉权、受领权、抵销权等，其中抵销权和受领权、胜诉权并列，都是债权实现的方式。既然诉讼时效期间届满，债权人仍享有受领权，接受履行不是不当得利，则时效期间届满，债权人同样不丧失抵销权。抵销的性质为形成权，一方行使抵销权无须征得对方同意，只需通知对方，通知自到达对方时生效。这样实现债权，完全不违背自然债的法律属性。

另外，《合同法》第99条第1款规定："当事人互负到期债务，该债务的标的物种类、品质相同的，任何一方可以将自己的债务与对方的债务抵销，但依照法律规定或者按照合同性质不能抵销的除外。"这里的债务并无具体的语义限制，应理解为不论该债务是否超过诉讼时效，只要具备了该条款规定的情形，任何一方都可以将自己的债务与对方的债务抵销。

综上，允许超过诉讼时效的债权行使抵销权，并不违背我国时效制度的设立目的，且有助于实现实体公正，有助于实现法律效果和社会效果的有机统一。如果不允许超过诉讼时效的债权行使抵销权，则不仅不符合民众在日常生活中所形成的正义与价值理念及道德观念，且有违民法精神，违背公平正义原则，难以达到法律效果和社会效果的统一。因此，本案中，冯某将自己超过诉讼时效的债权行使抵销权，并不违反我国法律的规定，且有利于债务的履行，保护了自身的合法权益。

法律依据

《合同法》第 99 条："当事人互负到期债务，该债务的标的物种类、品质相同的，任何一方可以将自己的债务与对方的债务抵销，但依照法律规定或者按照合同性质不能抵销的除外。

当事人主张抵销的，应当通知对方。通知自到达对方时生效。抵销不得附条件或期限。"

74 夫妻之间婚前一方向另一方借款形成的债务能否因结婚而消灭？

典型事例

王某（女）与冯某于 2008 年经人介绍相识。同年 12 月 2 日，冯某向王某借款 3000 元并为其出具借条一张，约定还款时给付利息 1000 元。后双方确定恋爱关系并于 2010 年登记结婚，2011 年 11 月 8 日，王某与冯某因感情破裂协议离婚，协议约定：车辽 A5UT85 一辆归女方所有；债务归男方所有；家中物品折合成人民币贰仟元归女方，男方自愿放弃所有财产。2011 年 12 月 1 日，王某为冯某出具收条一张，内容为：收到辽 A5UT85 牌车一辆及人民币 2000 元，从此后两人再无任何关系。2012 年 4 月，王某持借条向法院起诉，要求冯某偿还借款 3000 元及利息 1000 元。

法律分析

那么，王某与冯某之间婚前债权债务关系是否因双方登记结婚而消灭呢？

王某与冯某结婚不产生债的混同，二人婚前的债权债务关系在结婚后仍然存在，王某债权仍受法律保护，对王某的诉讼请求应予以支持。

第一，夫妻之间婚前的债权债务不因结婚而混同。根据《合同法》第106条"债权和债务同归于一人的，合同的权利义务终止，但涉及第三人利益的除外"的规定，债权人与债务人合为一体，债权债务同归于一人，合同的权利义务终止，也就不存在债权人和债务人了，即所谓的混同。但婚姻关系的当事人是两个具有独立人格的平等主体，只有在他们意思表示一致的基础上才能组成具有特殊身份关系的共同体。对外该共同体具有整体的性质，对内夫妻双方并不因为婚姻关系的建立而各自丧失独立的人格，当事人双方独立的民事主体地位是夫妻关系存续的前提。所以夫妻双方在婚前的债权债务不能因为结婚而混同。

第二，夫妻婚前个人财产不因婚姻关系的延续而转化。《婚姻法》第18条"有下列情形的之一的，为夫妻一方的财产：（一）一方的婚前财产……"的规定，及最高人民法院《关于适用〈中华人民共和国婚姻法〉若干问题的解释（一）》第19条"婚姻法第十八条规定为夫妻一方所有的财产，不因婚姻关系的延续而转化为夫妻共同财产。但当事人另有约定的除外"的规定，否定了之前《婚姻法》关于婚前个人财产在婚后若干年后可以转化为夫妻共同财产的规定，因此离婚后王某依然享有婚前对冯某的个人债权。

综上，王某的主张应得到法院判决的支持。

法律依据

《合同法》第106条"债权和债务同归于一人的，合同的权利义务终止，但涉及第三人利益的除外。"

《婚姻法》第18条："有下列情形之一的，为夫妻一方的财产：

（一）一方的婚前财产；

（二）一方因身体受到伤害获得的医疗费、残疾人生活补助费等费用；

（三）遗嘱或赠与合同中确定只归夫或妻一方的财产；

（四）一方专用的生活用品；

（五）其他应当归一方的财产。"

75 夫妻一方的婚前债务，另一方在婚后有义务承担吗？

典 型事例

戚某（男）与谢某（女）是对新婚夫妻，但不幸的是，两人结婚不到半年，戚某便在出差途中遇车祸当场死亡。戚某死后不久，戚某的朋友邹某就拿着一张戚某、谢某两人结婚前一年戚某签字的欠条向谢某索债三万元。谢某认为戚某这笔欠款是婚前所欠，其没有还债的责任，便拒绝偿还。于是邹某便向法院提起了诉讼。那么在本案中，谢某有义务偿还这笔债务吗？

法 律分析

1. 一方的婚前债务会转化为夫妻共同债务吗？

对于婚前的个人债务转化为夫妻共同债务的问题，《婚姻法》没有直接规定，最高人民法院对《婚姻法》的相关司法解释中也仅各涉及一条。最高人民法院《关于适用〈中华人民共和国婚姻法〉若干问题的解释（二）》第 23 条规定："债权人就一方婚前所负个人债务向债务人配偶主张权利的，人民法院不予支持。但债权人能够证明所负债务用于婚后家庭共同生活的除外。"司法解释对这方面规定得非常简单，且着重点也在于保护债权人；而对债务人配偶应当承担怎么样的责任等均没有具体的规定，加上法官

183

理解的差异，案件判决结果的公正性、统一性就很难达到，甚至会造成严重侵害债务人配偶的权益。根据司法实践，婚前个人债务向婚后共同债务转化的有以下几种类型：

（1）一方婚前按揭贷款买房，婚后夫妻双方共同居住或共同使用的，可以转化婚后共同债务。

（2）一方婚前举债购置大量结婚用品，婚后为夫妻双方共同生活所需要时，可以转化为婚后共同债务。

（3）一方婚前借款装修房屋时，该房屋供夫妻婚后共同居住或共同使用的。

（4）双方与债权人约定，同意夫妻一方个人债务由夫妻共同偿还的。

2. 婚前一方的个人债务，债权人能在婚后向其配偶要求偿还吗？

夫妻一方婚前所负个人债务是其与债权人之间因特定法律事实而形成的债权债务关系。根据债权相对性原理，债权人只能向特定的债务人主张权利，而不能在债务人结婚后向其配偶主张权利，因为债的发生必须基于当事人之间的意定或法律规定。债的相对性不会因为其他事由而发生移转。夫妻一方在婚前所负的个人债务，如另一方在婚后没有向债权人做出承诺，便不会在原债务人的配偶与债权人之间产生合意，债权人就没有向债务人的配偶主张权利的合法理由和依据。因此，夫妻一方婚前个人所负债务不能因婚姻关系的发生而转移，债权人亦不得就一方婚前个人债务向债务人配偶主张债权。

但是，作为例外，如果一方婚前所负债务与婚后夫妻共同生活具有必然的联系，即若一方债务或婚前所负债务中的资金、财物已转化为婚后夫妻共同财产或已成为婚后夫妻共同的物质生活条件，则婚前一方所负债务即转化为夫妻共同债务，应当由夫妻共同连带偿还。但该转化事实的证明责任，根据"谁主张谁举证"的原则应由债权人承担。

因此，在这则案例中，除非债权人邹某能够证明戚某生前所负债务用于婚后家庭共同生活，否则不能要求谢某以个人财产偿还。

法津依据

最高人民法院《关于适用〈中华人民共和国婚姻法〉若干问题的解释（二）》第23条："债权人就一方婚前所负个人债务向债务人的配偶主张权利的，人民法院不予支持。但债权人能够证明所负债务用于婚后家庭共同生活的除外。"

76 借款未到期是否可行使不安抗辩权来主张还款？

典型事例

2003年10月10日及2004年1月10日，被告B先生及C先生曾分两次向原告A先生借款人民币270 000元、100 000元，用于XX县开发区建筑工程资金周转，并先后签订了两份借条，B作为共同债务人在欠条上签字（B先生为C先生的父亲）。其中第一次借款的还款期限为一年，第二次借款未书面约定还款期限，口头约定借款一周后归还。但在2004年3月，被告人B先生因负债而出走，自此杳无音信，使原告对被告的还款能力产生担忧，因此原告A先生便行使不安抗辩权提起诉讼；另一方面，被告C先生与D女士为夫妻关系，并且此两次借款皆产生于两人婚姻关系存续期间，是否应当认定为两人的共同债务？被告D女士是否对借款也应当承担还款责任？

法津分析

被告 B 先生因承包建筑工程向原告借款，原告为了保证债权的实现，要求被告 C 先生以共同借款人的名义在借据上签字，被告 C 先生对原告举证的证据的真实性不持异议，足以认定被告 B 先生、C 先生两次向原告借款共计人民币 370 000 元的事实。原告与被告 B 先生、C 先生的借贷关系是合法有效的，原告的债权应当受到法律的保护。

首先，虽然被告 B 先生、C 先生于 2003 年 10 月 10 日的借款并未到还款期限，但是被告 B 先生借款后便放弃其承包的建筑工程不顾，突然出走，杳无音信，致原告对被告的还款能力产生不安心理，故原告有权主张未到期的债权，行使不安抗辩权。

其次，被告 B 先生、C 先生于 2004 年 1 月 10 日出具借据，口头约定了一周的还款期限，但被告并未按口头约定履行还款义务，有违诚实信用原则，因此被告 B 先生、C 先生依法应当承担偿还原告借款人民币 370 000 元的民事责任。

最后，此两笔借款虽然都发生在 C 先生与 D 女士的夫妻关系存续期间，但借款是由 B 先生用于自己的建筑工程，并未用于 C 先生及 D 女士的家庭共同生活，被告 D 女士亦未从借款中得到任何利益，故不能认定借款为夫妻共同债务。原告主张的被告 D 女士偿还借款 370 000 元的诉讼请求不予支持。

法津依据

《合同法》第 68 条："应当先履行债务的当事人，有确切证据证明对方有下列情形之一的，可以中止履行：

（一）经营状况严重恶化；

（二）转移财产、抽逃资金，以逃避债务；

（三）丧失商业信誉；

（四）有丧失或者可能丧失履行债务能力的其他情形。

当事人没有确切证据中止履行的，应当承担违约责任。"

77 口头约定"三至四年后归还"该借款的诉讼时效应如何计算？

典型事例

1994年9月，被告刘某因经营需要向原告顾某借款9000元，双方在借据上约定了借款利息，同时还口头约定：该款于三至四年后归还。2000年5月，顾某为此向法院提起诉讼。刘某则辩称，双方口头约定三四年后归还是事实，但顾某从借款至今从未向我主张过权利，顾某的债权已经超过诉讼时效。那么，本案中顾某的债权是否超过诉讼时效呢？

法律分析

1. 借据是一种特殊的书面借款合同，也应适用我国《合同法》的补缺规则。借款人向出借人借款，出借人同意并给付款项，双方通过协商达成了一致意见后，由借款人向出借人出具借据。该借据体现了双方的意思表示，亦即双方当事人达成了一致的协议，符合合同的法律特征，所以借据是一种特殊的书面借款合同。《合同法》第61条规定："合同生效后，当事人就质量、价款或者报酬、履行地点等内容没有约定或约定不明，可以协议补充；不能达成补充协议的，按照合同有关条款或者交易习惯确定。"这是《合同法》解决合同条款缺陷的两种方式：一是协议补缺，二是规则补缺。合同补缺不是毫无根据的乱补，它根据公平、诚信、合理的原则，依照合同条款或者交易习惯，基于合同或者交易行为的整体内在逻辑的一致性来确定。其中交易习惯既包括某种行业或者交易的惯例，也包括当事人间已经形成的习惯做法。所以本案中双方对"三至四年后归还"的约定有分歧，笔者认为可从民间借款通常具备的交易习惯来进行判断和确定。

2. 因为口头约定一般不如书面的约定严谨，法官也不能要求每一个公民具备同自己一样的法律意识，所以对本案中的口头约定，法官应从当时当地的语言习惯及交易习惯上去理解。对该约定从一般人的理解应为：三或四年内原告不得主张权利，借款期限应为三年或四年，从保护债权人利益出发，应从宽理解为借款期限为四年。而且，如果少了这个"后"，在语法上存在错误，"三至四年归还"究竟是"之内"还是"之外"呢？仍会存在状语意思表达不明的情况。庭审中本案双方当事人对在三至四年内原告不能主张权利的理解一致，所以，对口头约定的理解应作常识性理解。笔者认为，本案中的约定应理解为一个借款期限，即1994年9月至1998年9月止。1998年9月起，原告即知道也应当知道其权利受到侵害，并从此时计算两年的诉讼时效，诉讼时效截止日期为2000年9月。所以原告在2000年5月起诉显然没有超过诉讼时效。

3. 本案的情况区别于借款期限不明的情况。根据《合同法》第206条的规定，对借款期限没有约定或约定不明确，依照本法第61条的规定仍不能确定的，借款人可以随时返还；贷款人可以催告借款人在合理期限内返还。该规定说明了如果经过《合同法》第61条补缺解释仍不能明确借款期限，则债权人在20年内的任何时候，向债务人主张权利之后，若债务人不自动履行，均可以在此之后的两年内再向法院起诉而不超过诉讼时效。但超过20年，债权就不再受法律保护，而不管债权人是否知道自己权利受到侵害。所以，本案经过补缺解释之后，借款的期限是明确的，并不适用《合同法》第 61 条之规定。

法津依据

《合同法》第 61 条："合同生效后，当事人就质量、价款或者报酬、履行地点等内容没有约定或约定不明确的，可以协议补充；不能达成补充协议的，按照合同有关条款或者交易习惯确定。"

78 当主债权成为自然权利时抵押权是否丧失？

典型事例

1997 年 8 月 19 日，周云峰向原重庆市铜梁县巴川信用社（简称巴川信用社）贷款 6 万元，约定贷款期限 1 年，从 1997 年 8 月 19 日至 1998 年 8 月 19 日，还款方式为一次性还款。周松林以其所有的位于原铜梁县巴川镇南门一社的私有房屋为周云峰提供抵押担保。2008 年 6 月 29 日，重庆市农村信用社联合社及 39 个区县行社合并组建重庆农村商业银行股份有限公司，巴川信用社的所有债权债务由重庆农村商业银行股份有限公司铜梁支行（简称农村银行铜梁支行）承继。前述贷款到期后，农村银行铜梁支行一直未向周云峰主张债权，也未向周松林主张抵押权。2011 年 7 月 5 日，周松林以借款已过诉讼时效为由，起诉要求法院确认农村银行铜梁支行丧失抵押权，判令其归还抵押房屋产权证书。

法津分析

1. 关于抵押权的存续期间问题。在市场经济快速运转的社会背景下，若允许抵押权一直存续而不加以限定，可能会使抵押权

189

人怠于行使抵押权，将不利于抵押财产经济效用的发挥，进而制约经济的发展。最高人民法院《关于适用〈中华人民共和国担保法〉若干问题的解释》将抵押权的存续期间设定为主债权诉讼时效结束后的二年内。《物权法》第 202 条借鉴我国台湾地区"民法"将抵押权的存续期间与主债权的诉讼时效挂钩的做法，规定"抵押权人应当在主债权诉讼时效期间行使抵押权；未行使的，人民法院不予保护"，将抵押权的存续期间修正为主债权的诉讼时效期间。据此规定，本案农村银行铜梁支行作为抵押权人，应在主债权的诉讼时效期间即在 1998 年 8 月 20 日至 2000 年 8 月 19 日期间行使抵押权，否则，将不受法院保护。

2. 关于抵押权的丧失与消灭问题。处理本案需要厘清两个基本概念：抵押权的消灭与抵押权的丧失。根据《物权法》、《担保法》的有关规定，抵押权的消灭一般基于以下几种情况：主债权消灭、抵押权实现、债权人放弃抵押权、抵押财产灭失。抵押权的消灭是指抵押权永远不存在，是权利的彻底灭失。《物权法》第 202 条"抵押权人在主债权诉讼时效期间行使抵押权；未行使的，人民法院不予保护"规定的是抵押权的丧失，即过了主债权诉讼时效期间后，抵押权人丧失的是抵押权受法院保护的权利即胜诉权，而抵押权本身并没有消灭，如果抵押权人自愿履行担保义务的，抵押权人仍可以行使抵押权。因此，抵押权的消灭并不等同于抵押权的丧失。本案主债权已过诉讼时效，农村银行铜梁支行未在主债权诉讼时效期间内行使抵押权，丧失了抵押权受法律保护的权利，但其抵押权本身并未灭失。

3. 关于房屋产权证书的返还问题。抵押权的设定方式是签订书面的抵押合同，办理相应的抵押登记。法律并未对房屋产权证书的交付问题进行规定。本案周松林要求农村银行铜梁支行归还抵押房屋的产权证书，必须举出证据证明已向重庆农村商业银行股份有限公司铜梁支行交付了房屋产权证书，但其未能提供，故应当承担举证不能的法律后果。

法津依据

《物权法》第202条："抵押权人应当在主债权诉讼时效期间行使抵押权；未行使的，人民法院不予保护。"

79 债务人预期违约，债权人可以要求提前归还借款吗？

典型事例

2012年8月，某机械加工厂因资金周转出现困难，遂向王某借款15万元，并约定于2013年12月底前归还借款。但借款后不久，某机械加工厂便停产歇业、大门紧闭。得知上述情况后，王某便多次电话联系某机械加工厂的法定代表人刘某。刘某不接电话，甚至四处躲避。无奈之下，王某于2013年5月以请求某机械加工厂偿还借款为由，将该纠纷诉至法院。

法院经审理认为，被告某机械加工厂在借款后不久便停产歇业，其法定代表人王某也四处躲避，应认定某机械加工厂的行为已构成预期违约，遂判决某机械加工厂于判决生效后10日内偿还王某借款15万元。

法津分析

预期违约，是指在合同约定的履行期限届满之前，负有履行义务的一方，明确表示或者以其行为表明不履行合同主要债务时，合同另一方可以要求对方承担违约责任，亦可以请求解除合同。

《合同法》第94条、第108条对此作了相关规定。

本案中，王某与某机械加工厂约定的还款时间为2013年12月底，至王某起诉之日，借款期限尚未届满。在一般情况下，王某的诉讼请求将不会得到法院支持。但本案存在特殊情况，即被告某机械加工厂在借款后不久便停产歇业，其法定代表人也四处躲避。鉴于此情况，如果照搬借条约定，让王某在借款期限届满之后再行起诉的话，势必会让王某的债权面临更大的风险，与切实维护当事人的合法权益不符。本案被告某机械加工厂在借款后不久便停产歇业，其法定代表人也四处躲避，应认定某机械加工厂已经以其行为表明不再履行合同义务，此时虽然还款期限尚未届满，但王某依然可以某机械加工厂存在预期违约为由，请求其提前履行还款义务。

法律依据

《合同法》第94条："有下列情形之一的，当事人可以解除合同：

（一）因不可抗力致使不能实现合同目的；

（二）在履行期限届满之前，当事人一方明确表示或者以自己的行为表明不履行主要债务；

（三）当事人一方迟延履行主要债务，经催告后在合理期限内仍未履行；

（四）当事人一方迟延履行债务或者有其他违约行为致使不能实现合同目的；

（五）法律规定的其他情形。"

《合同法》第108条："当事人一方明确表示或者以自己的行为表明不履行合同义务的，对方可以在履行期限届满之前要求其承担违约责任。"

80 抵押人损坏抵押财产，抵押权人怎么办？

典型事例

王富贵向李二香借了 5 万元，李二香要求王富贵将其所有的一辆桑塔纳轿车进行抵押，双方签订了抵押合同且办理了抵押登记。后来王富贵开车时发生车祸，与他人相撞，导致汽车毁损严重，李二香要求王富贵提供新的担保物或者提前还款，遭到王富贵的拒绝。王富贵认为，出事故又不是故意的，天灾人祸他没有什么办法，因此，他认为不应该提供新的担保。那么在这种情况下，李二香可以采取什么手段来保护自己的权利呢？

法律分析

本案涉及抵押权人的保全权。抵押权人对抵押物的保全权包括以下两个方面的内容：一是抵押物价值减少防止权，或者称停止侵害和排除妨害请求权。《物权法》第 193 条第 1 款规定了此权利。依此规定，抵押物受到抵押人的侵害，其价值尚未减少时，抵押权人得请求抵押人停止侵害或排除妨害。不论抵押人还是第三人，只要其行为具有足以使抵押物的价值减少或继续减少的情形，抵押权人均得请求其停止侵害。二是抵押物价值减少之恢复原状或提供相当担保请求权：请求恢复原来的价值；请求提供相当的担保。结合本案，在抵押物汽车的价值减损时，李二香可以要求王富贵恢复汽车的价值，或者提供新增担保。如果王富贵无正当理由而予以拒绝的话，李二香可以要求王富贵提前履行债务。

法津依据

《物权法》第 193 条："抵押人的行为足以使抵押财产价值减少的，抵押权人有权要求抵押人停止其行为。抵押财产价值减少的，抵押权人有权要求恢复抵押财产的价值，或者提供与减少的价值相应的担保。抵押人不恢复抵押财产的价值也不提供担保的，抵押权人有权要求债务人提前清偿债务。"

附　录

一、相关法律法规及司法解释

《合同法》第十二章　借款合同

第一百九十六条　借款合同是借款人向贷款人借款，到期返还借款并支付利息的合同。

第一百九十七条　借款合同采用书面形式，但自然人之间借款另有约定的除外。

借款合同的内容包括借款种类、币种、用途、数额、利率、期限和还款方式等条款。

第一百九十八条　订立借款合同，贷款人可以要求借款人提供担保。担保依照《中华人民共和国担保法》的规定。

第一百九十九条　订立借款合同，借款人应当按照贷款人的要求提供与借款有关的业务活动和财务状况的真实情况。

第二百条　借款的利息不得预先在本金中扣除。利息预先在本金中扣除的，应当按照实际借款数额返还借款并计算利息。

第二百零一条　贷款人未按照约定的日期、数额提供借款，造成借款人损失的，应当赔偿损失。

借款人未按照约定的日期、数额收取借款的，应当按照约定的日期、数额支付利息。

第二百零二条　贷款人按照约定可以检查、监督借款的使用情况。借款人应当按照约定向贷款人定期提供有关财务会计报表等资料。

第二百零三条　借款人未按照约定的借款用途使用借款的，贷款人可以停止发放借款、提前收回借款或者解除合同。

第二百零四条　办理贷款业务的金融机构贷款的利率，应当按照中国人民银行规定的贷款利率的上下限确定。

第二百零五条　借款人应当按照约定的期限支付利息。对支付利息的期限没有约定或者约定不明确，依照本法第六十一条的规定仍不能确定，借款期间不满一年的，应当在返还借款时一并支付；借款期间一年以上的，应当在每届满一年时支付，剩余期间不满一年的，应当在返还借款时一并支付。

第二百零六条　借款人应当按照约定的期限返还借款。对借款期限没有约定或者约定不明确，依照本法第六十一条的规定仍不能确定的，借款人可以随时返还；贷款人可以催告借款人在合理期限内返还。

第二百零七条　借款人未按照约定的期限返还借款的，应当按照约定或者国家有关规定支付逾期利息。

第二百零八条　借款人提前偿还借款的，除当事人另有约定的以外，应当按照实际借款的期间计算利息

第二百零九条　借款人可以在还款期限届满之前向贷款人申请展期。贷款人同意的，可以展期。

第二百一十条　自然人之间的借款合同，自贷款人提供借款时生效。

第二百一十一条　自然人之间的借款合同对支付利息没有约定或者约定不明确的，视为不支付利息。

自然人之间的借款合同约定支付利息的，借款的利率不得违

反国家有关限制借款利率的规定。

最高人民法院关于依法妥善审理民间借贷纠纷案件
促进经济发展维护社会稳定的通知

各省、自治区、直辖市高级人民法院，解放军军事法院，新疆维
吾尔自治区高级人民法院生产建设兵团分院：

当前我国经济保持平稳较快发展，整体形势良好，但是受国
际国内经济形势变化等多种因素的影响，一些地方出现了与民间
借贷相关的债务不能及时清偿、债务人出逃、中小企业倒闭等事
件，对当地经济发展和社会稳定造成了较大冲击，相关纠纷案件
在短期内大量增加。为践行能动司法理念，充分发挥审判职能作
用，妥善化解民间借贷纠纷，促进经济发展，维护社会稳定，现
将有关事项通知如下：

一、高度重视民间借贷纠纷案件的审判执行工作。民间借贷
客观上拓宽了中小企业的融资渠道，一定程度上解决了部分社会
融资需求，增强了经济运行的自我调整和适应能力，促进了多层
次信贷市场的形成和发展，但实践中民间借贷也存在着交易隐蔽、
风险不易监控等特点，容易引发高利贷、中小企业资金链断裂甚
至破产以及非法集资、暴力催收导致人身伤害等违法犯罪问题，
对金融秩序乃至经济发展、社会稳定造成不利影响，也使得人民
法院妥善化解民间借贷纠纷的难度增加。因此，人民法院应当高
度重视民间借贷纠纷案件的审判执行工作，将其作为"为大局服
务，为人民司法"的重要工作内容，作为深入推进三项重点工作
的重要切入点，通过依法妥善审理民间借贷纠纷，规范和引导民
间借贷健康有序发展，切实维护社会和谐稳定。

二、做好民间借贷纠纷案件的立案受理工作。当事人就民间

借贷纠纷起诉的，人民法院要依据民事诉讼法的有关规定做好立案受理工作。立案时要认真进行审查，对于涉嫌非法集资等经济犯罪的案件，依法移送有关部门处理；对于可能影响社会稳定的案件，及时与政府及有关部门沟通协调，积极配合做好相关预案工作，切实防范可能引发的群体性、突发性事件。

三、依法惩治与民间借贷相关的刑事犯罪。人民法院在审理与民间借贷相关的非法集资等经济犯罪案件时，要依照《最高人民法院关于在审理经济纠纷案件中涉及经济犯罪嫌疑若干问题的规定》的有关规定，根据具体情况分别处理。对于非法集资等经济犯罪案件，要依法及时审判，切实维护金融秩序。对于与民间借贷相关的黑社会性质的组织犯罪及其他暴力性犯罪，要依法从严惩处，切实维护人民群众人身财产安全。要严格贯彻宽严相济的刑事政策，注意区分性质不同的违法犯罪行为，真正做到罚当其罪。

四、依法妥善审理民间借贷纠纷案件。人民法院在审理民间借贷纠纷案件时，要严格适用民法通则、合同法等有关法律法规和司法解释的规定，同时注意把握国家经济政策精神，努力做到依法公正与妥善合理的有机统一。要依法认定民间借贷的合同效力，保护合法借贷关系，切实维护当事人的合法权益，确保案件处理取得良好的法律效果和社会效果。对于因赌博、吸毒等违法犯罪活动而形成的借贷关系或者出借人明知借款人是为了进行上述违法犯罪活动的借贷关系，依法不予保护。

五、加大对民间借贷纠纷案件的调解力度。人民法院审理民间借贷纠纷案件，要深入贯彻"调解优先、调判结合"工作原则。对于涉及众多出借人或者借款人的案件、可能引发工人讨薪等群体性事件的案件、出借人与借款人之间情绪严重对立的案件以及判决后难以执行的案件等，要先行调解，重点调解，努力促成当事人和解。要充分借助政府部门、行业组织、社会团体等各方面力量，加强与人民调解、行政调解的程序对接，形成化解矛盾的最大合力，共同维护社会和谐稳定。

六、依法保护合法的借贷利息。人民法院在审理民间借贷纠纷案件时，要依法保护合法的借贷利息，依法遏制高利贷化倾向。出借人依照合同约定请求支付借款利息的，人民法院应当依据合同法和《最高人民法院关于人民法院审理借贷案件的若干意见》第6条、第7条的规定处理。出借人将利息预先在本金中扣除的，应当按照实际借款数额返还借款并计算利息。当事人仅约定借期内利率，未约定逾期利率，出借人以借期内的利率主张逾期还款利息的，依法予以支持。当事人既未约定借期内利率，也未约定逾期利率的，出借人参照中国人民银行同期同类贷款基准利率，主张自逾期还款之日起的利息损失的，依法予以支持。

七、注意防范、制裁虚假诉讼。人民法院在审理民间借贷纠纷案件过程中，要依法全面、客观地审核双方当事人提交的全部证据，从各证据与案件事实的关联程度、各证据之间的联系等方面进行综合审查判断。对形式有瑕疵的"欠条"或者"收条"，要结合其他证据认定是否存在借贷关系；对现金交付的借贷，可根据交付凭证、支付能力、交易习惯、借贷金额的大小、当事人间关系以及当事人陈述的交易细节经过等因素综合判断。发现有虚假诉讼嫌疑的，要及时依职权或者提请有关部门调查取证，查清事实真相。经查证确属虚假诉讼的，驳回其诉讼请求，并对其妨害民事诉讼的行为依法予以制裁；对于以骗取财物、逃废债务为目的实施虚假诉讼，构成犯罪的，依法追究刑事责任。

八、妥善适用有关司法措施。对于暂时资金周转困难但仍在正常经营的借款人，在不损害出借人合法权益的前提下，灵活适用诉讼保全措施，尽量使该借款人度过暂时的债务危机。对于出借人举报的有转移财产、逃避债务可能的借款人，要依法视情加大诉讼保全力度，切实维护债权人的合法权益。在审理因民间借贷债务而引发的企业破产案件时，对于符合国家产业政策且具有挽救价值和希望的负债中小企业，要积极适用重整、和解程序，尽快实现企业再生；对没有挽救希望，必须通过破产清算退出市场的中小企业，要制定综合预案，统筹协调，稳步推进，切实将企业退市引发的不良影响降到最低。

九、积极促进建立健全民间借贷纠纷防范和解决机制。人民法院在化解民间借贷纠纷的工作中，要紧紧围绕党和国家工作大局，紧紧依靠党委领导和政府支持，积极采取司法应对措施，全力维护社会和谐稳定。要加强与政府有关职能部门的沟通协调，充分发挥联动效能。要建立和完善系列案件审判执行统一协调机制，避免因裁判标准不一致或者执行工作简单化而激化社会矛盾。要结合民间借贷纠纷案件审判工作实际，及时提出司法建议，为有关部门依法采取有效措施提供参考。要加强法制宣传，特别是对典型案件的宣传，引导各类民间借贷主体增强风险防范意识，倡导守法诚信的社会风尚。

十、加强对民间借贷纠纷案件新情况新问题的调查研究。人民法院在民间借贷纠纷案件的审判工作中，要认真总结审判经验，密切关注各类敏感疑难问题和典型案件，对审理民间借贷纠纷案件过程中出现的新情况新问题，要认真分析研究成因，尽早提出对策，必要时及时层报最高人民法院。

二、个人借款合同范本

个人借款合同

甲方（出借人）：
身份证号：
联系地址：

乙方（借款人）：
身份证号：
联系地址：

丙方（保证人）：
身份证号：
联系地址：

乙方因_____向甲方借款，丙方愿意为乙方借款向甲方提供连带保证担保，现甲乙丙各方在平等、自愿、等价有偿的基础上，经友好协商，达成如下一致意见，供双方共同信守。

一、借款用途：
_____要从事个体经营，急需一笔资金周转，甲方同意出借，但乙方如何使用借款，则与甲方无关。

二、借款金额
乙方向甲方借款金额（大写）人民币_____万元整（小写：¥_____元）。乙方指定的收款账户为：
开户银行：
账户名称：

账　　号：

三、借款期限

借款期限_____年，自_____年_____月_____日起（以甲方实际出借款项之日起算，乙方应另行出具收条）至_____年_____月_____日止，逾期未还款的，按本合同第八条处理。

四、还款方式

应按照本协议规定时间主动偿还对甲方的欠款及利息。乙方到期还清所有本协议规定的款项后，甲方收到还款后将借据交给乙方。

甲方指定的还款账户为：

开户银行：

账户名称：

账　　号：

五、借款利息

自支用借款之日起，按实际支用金额计算利息，在合同第三条约定的借款期内月利为_____，利息按月结算。借款方如果不按期还款付息，则每逾期一日按欠款金额的每日万分之八加收违约金。

六、权利义务

贷款方有权监督贷款使用情况，了解借款方的偿债能力等情况，借款方应该如实提供有关的资料。借款方如不按合同规定使用贷款，贷款方有权收回部分贷款，并对违约部分参照银行规定加收罚息（贷款方提前还款的，应按规定减收利息）。

七、保证条款

1. 借款方自愿用_____做抵押，到期不能归还贷款方的贷款，贷款方有权处理抵押品。借款方到期如数归还贷款的，抵押权消灭。

2. 丙方自愿为乙方的借款提供连带责任保证担保，保证期限为自乙方借款期限届满之日起二年。保证担保范围包括借款本金、逾期还款的违约金或赔偿金、甲方实现债权的费用（包括但不限于诉讼费、律师费、差旅费等）。

八、逾期还款的处理

乙方如逾期还款，除应承担甲方实现债权之费用（包括但不限于甲方支出之律师费、诉讼费、差旅费等）外，还应按如下方式赔偿甲方之损失：逾期还款期限在 30 日以内的部分，按逾期还款金额每日千分之贰（2‰）的比例赔偿甲方损失；超过 30 日以上部分，按照逾期还款金额每日千分之贰点伍（2.5‰）的比例赔偿甲方损失。

前款约定的损失赔偿比例，系各方综合各种因素确定。在主张该违约金时，甲方无须对其损失另行举证，同时双方均放弃《中华人民共和国合同法》第一百一十四条规定的违约金或损失赔偿金调整请求权。

九、合同争议的解决方式

本合同履行过程中发生的争议，由当事人双方友好协商解决，也可由第三人调解，协商或调解不成的，可由任意一方依法向出借方所在地人民法院起诉。

十、本合同自双方签章之日起生效。本合同一式_____份，双方各持_____份。每份均具有同等法律效力。

十一、本合同项下的一切形式的通知、催告均采用书面形式向本合同各方预留的地址发送，如有地址变更，应及时通知对方，书面通知以发送之日起三日届满视为送达。

甲方：_____
乙方：_____
连带保证人：_____
签订约日期：
_____年_____月_____日

图书在版编目（CIP）数据

农村私人借贷法律实务指南：案例应用版/段建辉著.—北京：中国政法大学出版社，2015.2
　ISBN 978-7-5620-5924-0

Ⅰ. ①农… Ⅱ. ①段… Ⅲ. ①农村－个人－借贷－合同法－中国－指南 Ⅳ. ①D923.6-62

中国版本图书馆CIP数据核字(2015)第040628号

出　版　者　中国政法大学出版社

地　　　址　北京市海淀区西土城路25号

邮寄地址　北京 100088 信箱 8034 分箱　邮编 100088

网　　　址　http://www.cuplpress.com（网络实名：中国政法大学出版社）

电　　　话　010-58908285（总编室）58908334（邮购部）

承　　　印　固安华明印业有限公司

开　　　本　880mm×1230mm　1/32

印　　　张　6.75

字　　　数　170 千字

版　　　次　2015 年 2 月第 1 版

印　　　次　2015 年 2 月第 1 次印刷

定　　　价　15.00 元